2021度重庆市高校优秀中青年思想政治理论课教师择优资助计划“新时代大学生政治素养培养体系研究”，课题编号:SZKZY2021009；

2021年度重庆市巴渝青年学者资助计划；

2021年重庆市高等教育教学改革研究项目“信息技术与思政课教学深度融合改革方案探索与实践研究”，课题编号:Z213080；

重庆市哲学社会科学重大理论研究阐释专项项目（19SKZDZX13）；

重庆市教育委员会人文社科研究项目（19SKSZ001）

| 光明社科文库 |

现代社会背景下青年学生犯罪原因及其预防研究

袁　希◎著

光明日报出版社

图书在版编目（CIP）数据

现代社会背景下青年学生犯罪原因及其预防研究 / 袁希著. -- 北京：光明日报出版社，2021.6

ISBN 978-7-5194-6010-5

Ⅰ.①现… Ⅱ.①袁… Ⅲ.①大学生—青少年犯罪—研究—中国 Ⅳ.①D669.5

中国版本图书馆 CIP 数据核字（2021）第 077975 号

现代社会背景下青年学生犯罪原因及其预防研究

XIANDAI SHEHUI BEIJINGXIA QIANGNIAN XUESHENG FANZUI YUANYIN JIQI YUFANG YANJIU

著　　者：袁　希

责任编辑：刘兴华　　　　责任校对：范晓辉

封面设计：中联华文　　　　责任印制：曹　诤

出版发行：光明日报出版社

地　　址：北京市西城区永安路 106 号，100050

电　　话：010-63169890（咨询），010-63131930（邮购）

传　　真：010-63131930

网　　址：http://book.gmw.cn

E - mail：gmrbcbs@gmw.cn

法律顾问：北京兰台律师事务所龚柳方律师

印　　刷：三河市华东印刷有限公司

装　　订：三河市华东印刷有限公司

本书如有破损、缺页、装订错误，请与本社联系调换，电话：010-63131930

开　　本：170mm×240mm

字　　数：200 千字　　　　印　　张：15

版　　次：2022 年 1 月第 1 版　　　　印　　次：2022 年 1 月第 1 次印刷

书　　号：ISBN 978-7-5194-6010-5

定　　价：89.00 元

前　言

近年来，青年学生犯罪事件频见报端，人们逐步在思考到底是什么原因导致这些天之骄子走上了犯罪道路。青年学生作为国家的未来、民族的希望，他们直接关系到国家的前途和命运。基于此，作者特撰写了《现代社会背景下青年学生犯罪原因及其预防研究》一书。围绕“立德树人”这一教育根本任务，以道德与法律的关系为主线，立足我国现代社会背景下青年学生犯罪的原因及特点，提出预防青年学生犯罪的基本措施，不仅对青年学生犯罪的原因、防治制度的构建具有全局性和根本性意义，更可以为我们国家社会治理总方略提供方向性的参考。

本书知识结构清晰，理论内容翔实，共分为五篇。第一篇为绪论。根据我国当前青年学生犯罪现象的事实，提出本书研究青年学生犯罪问题的意义与方法；通过查阅梳理国内外学者对青年学生犯罪问题进行研究的相关文献和资料，分析概括现有研究成果的优点以及存在的问题；指出尽管国内外不少学者和专家从诸多角度对青年学生犯罪原因进行了广泛的研究和探索，并在理论上提出了不少颇具特色的观点和见解，但整体而言，还存在两个主要缺陷：未能从深度和广度层面破解预防青年学生犯罪这一难题。

第二篇为青年学生犯罪的现状及特点。通过对大量涉及当前青年学生犯罪的案件进行实证分析，概括了我国当前青年学生犯罪行为特性、主体特性和罪名特性，为后续引入青年学生犯罪原因和提出治理对策打下基础。本部分提出了我国青年学生犯罪行为的基本特征在于犯罪行为失德性、犯罪行为单独性、犯罪行为突发性等；青年学生犯罪主体特性表现为大学低年级犯罪现象凸显化、各层次高校犯罪分布均衡化等；青年学生犯罪的罪名则通常集中在财产犯罪、暴力犯罪、网络犯罪和性犯罪领域等主要观点。

第三篇为“德”与“法”之历史借鉴。主要介绍了中国传统法治思想的发展及其演变。从最初周公提出的“明德慎罚”，到以孔孟为代表倡导的“为政以德”，中国法制理念在中国各个历史时代、历史时期不断继承发扬，这既是中华民族历经上下五千年的社会治理经验的积淀凝聚，又是民族道德传统的重大体现。道德是关键，法律起着维护、弘扬社会基本道德的作用，法的内容应是社会基本道德要求的具体化、规则化和制度化，法的基本目的是维护和弘扬社会基本道德，当道德起不到约束作用时，就必须运用法律给予制裁，使人弃旧图新、弃恶从善，最终达到社会和谐的至善境界。

第四篇为青年学生犯罪原因分析。本部分以社会基本道德与法治的关系为轴线，从纵向、横向两个维度，分析青年学生群体中的个体在家庭、学校和社会环境中由于道德的缺失而诱发犯罪的问题。在纵向维度，从本我、自我、超我三个人格层次分析了青年学生犯罪人格形成过程中自我道德约束的缺失形成的原因。在横向维度，则着重分析了青年学生成长的家庭、学校、社会等环境因素对青年学生犯罪的影响。在家庭因素方面，分析了家庭经济地位不高、家庭结构缺陷、家庭教育不当等与青年学生犯罪的关系；在学校因素方面，指出大学教育的偏差、高校管理的薄弱、校园文化的匮乏等是造成青年学生犯罪的校园因素；滋长青年学生犯罪的社会因素包括社会经济的负面效应、不良文化的影响、社会控制力的弱化等。

第五篇为青年学生犯罪预防策略。在青年学生犯罪预防领域中，关键是要正确理解“依法治国”与“以德治国”之间的辩证关系，将预防青年学生犯罪视为整个国家治理的有机组成部分。“以德修身”的德，将提升素质作为预防青年学生犯罪的前提条件，即正视自我、反思自我、重塑自我。“以德育人”的德，将家庭环境作为预防青年学生犯罪的重要防线，要在家庭中培养良好的道德情操，确立科学的教育方式，创设和谐的家庭氛围。“以德树人”的德，将学校环境作为预防青年学生犯罪的主要阵地，即高度重视道德教育；提升思想政治教育；大力推进法制教育；注重心理健康教育；构建良好树人环境；重塑积极校园文化。“德法并举”的德，将社会环境作为预防青年学生犯罪的重要保障，即完善社会主义市场经济体制；加强社会主义道德文化建设；构建青年学生犯罪的预防体系。

本书第一至五篇内容由袁希（重庆工业职业技术学院）独著完成，基于以下课题研究成果：重庆市教育委员会人文社会科学研究项目“高职院校青年学生政治素养培养研究”（19skgh257）；重庆市高校优秀中青年思想政治理论课教师择优资助计划（szkzy2021009）；

重庆市巴渝青年学者资助计划；重庆市高等教育教学改革研究项目（z213080）；重庆市哲学社会科学重大理论研究阐释专项项目（19skzdzx13）；重庆市教育委员会人文社科研究项目（19sksz001）。

在撰写本书的过程中，参考和引用了一些学术著作和学术论文，汲取了许多有益的成果，在此对有关学者表示感谢。由于作者水平有限以及客观条件限制，书中难免存在一些疏漏之处，在此真诚地希望广大读者能够予以批评指正。

袁希

2020年6月

目录
CONTENTS

第一篇 01

绪　论

青年学生代表着国家的未来，他们是一个受过高等教育的青年群体，既是民族振兴的重要人才储备，又是国家发展的宝贵人才资源。但是这些精英和骄子中的一部分，却因行为失当触犯法律而受到法律的制裁。受过高等教育的青年学生走向犯罪深渊，这种现象冲击人们的视听，引起了人们的高度关注。

第一章　问题提出

就我国的现状而言，中国社会正处于社会转型期，在这一特定过程中，我国社会、经济、文化领域都发生了巨大的变化，之前的社会格局、规范秩序被随之而来的新的社会格局、新的规范秩序替代，而这些改变正逐步影响着人们的世界观、人生观、价值观。在这一特殊时代背景下，青年学生的成长无疑会深受影响。随着改革开放的不断深化、市场经济的不断推进，虽然社会、经济各个方面都取得了可喜的成就，但是西方的不良思潮以及社会上的不良习气，冲击和混淆着人们的视听，特别是对青年学生思想进行侵蚀，使得有的青年学生认为金钱至上，为了获取金钱不择手段；有的青年学生把个人利益与社会利益对立起来，为追求个人利益不惜损害社会利益。在这些不良思想的驱使下，面对社会转型带来的巨大冲击，越来越多的青年学生变得无所适从，甚至铤而走险走上了犯罪的道路。

其实，犯罪的“治”与“防”两个方面都是世界性问题，也是世界性难题。全球青年学生犯罪研究学者，甚至是实务界的司法、立法人员都认为青年学生犯罪问题，是一个社会性、深层性难题。青年学生犯罪成为严重的社会问题，有着一个逐步发展的过程。据相关资料显示，20 世纪五六十年代，我国青少年犯罪并不突出，仅占 20%~30%，其中青年学生犯罪约占 0.5%；“文革”期间，青少年犯罪开始增多，占到全部刑事犯罪的 60%，其中青年学生犯罪上升为 1.5%；改革开放以及大学扩招以来，青少年犯罪呈现逐年上升之势，据统计，到 2015 年青少年犯罪占到了社会刑事犯罪的 70%~80%，其中青年学生犯罪已上升至 14%。

在 2013 年全国法院审理青少年犯罪情况统计表中，法院审理 18~25 岁案件共计达到 209622 人次，庞大数据背后隐藏的问题，确实值得我们深思。2011 年在校青年学生的犯罪率比 2010 年上升了 73.2%，2012 年青年学生犯罪率比 2011 年上升了 56.7%，2013 年比 2012 年上升了 65.3%，2014 年比 2013 年上升了 54.5%，2015 年比 2014 年又上升了 68.1%。其类型几乎涉及刑法全部犯罪的种类，其中包含侵害公民人身权利罪、危害公共安全罪、侵犯财产罪等。尤其是近年发生的多起恶性事件，如 2017 年四川省某大学谋杀室友案等，在社会上引起了广泛关注，青年学生犯罪已经成为严重的社会问题。

人们开始思考，为什么走进“象牙塔”、受过高等教育的青年学生会走向犯罪的深渊？立足我国社会转型这一特殊时期，笔者通过对青年学生犯罪案件的比较分析，发现真正要想防止青年学生犯罪的发生，就要源于根源地预防，将很多可能诱发案件的因素终止在“萌芽”之中，由此引出预防青年学生犯罪的作用。

第二章 文献综述

作为一名高校教育工作者，由于职业的原因，每年都会接触到青年学生违纪犯罪的案件，每一个案件不仅给我带来情感上的震撼和痛惜，也会引发我出于职业和专业对于这类事件的反思。青年学生作为社会中受过高等教育的知识分子，他们的行为影响着社会的发展以及中国梦的实现。正因为这样，国内外专家、学者都很注重观察、研究和分析青年学生这一方面存在的问题，尤其是青年学生犯罪的问题。要想找出预防和治理的办法，就必须找出犯罪产生的原因。因此，青年学生犯罪的原因引发了国内外的广泛关注。

第一节 国外关于青年学生犯罪原因的研究

通过研究资料不难发现，国外目前很少有专门针对青年学生犯罪原因问题的研究，大部分研究是从青少年犯罪研究中延伸而来的。

一、犯罪生物学观点

犯罪生物学观点主张的是，个人犯罪主要是由于生理因素造成的，意大利人龙勃罗梭（Cesare Lombroso）是该观点的重要代表人物，创立了犯罪人类学派，并提出了“天生犯罪人”理论学说。① 此理论从人自身较为固定的生理因素入手，力图找寻出人类犯罪的终极原因，龙勃罗梭的名著《犯罪人：人类学、法理学和精神病学的思考》将犯罪分为三大类共七种。② 他的理论研究对西方犯罪学的产生、发展以及当地犯罪学的产生有着深远的影响，他第一次运用测量、统计等方法，对来自多方面的数据进行多学科的研究，把犯罪学从“经验学”带入了科学和实证的新时代。随着时代的发展，曾有一篇名为《大脑发育何时完成》的文章，详细说明了大脑发育的程度并不与体积的大小成正比。如儿童处于 7~8 岁的时候，大脑的体积已经达到了成人大脑体积的 95%左右，但是在 9~16 岁之间，大脑中涉及社会行为的脑功能还在进一步发育。③ 由此可见，在大脑尚未发展成熟的时候，人的认知发育也是不成熟的，诸如能够预判自己的行为、做出自己的决定、控制自己的行为、解决复杂事情的能力等方面，这些行为都与成年人相比有一定的差距。加之这一阶段的青年学生正处于身体、神经系统快速成长发育的阶段，直接

① 刘远，刘军．刑事政策与犯罪人权利保护［J］．学习与探索，2005（3）：36-38.

② 吴宗宪．西方犯罪学（第二版）［M］．北京：法律出版社，2006：109.

③ 大脑发育何时完成［N］．羊城晚报，2011-03-07（12）．许永勤．未成年人供述行为的心理学研究［M］．北京：中国人民公安大学出版社，2011：89-90.

导致他们的“内在认知”与“身体外形”严重脱节，从而进入不稳定的风暴期与压力期。这成为研究青年学生犯罪的重要依据之一。

二、犯罪精神病理学观点

犯罪精神病理学观点主张的是，个体精神上存在缺陷，才会导致犯罪。但是该观点有其一定的局限性，它无法解释犯罪者中有大部分属于正常人，不存在人格障碍和智力低下等情况这一问题；也无法解释人格障碍、人格异常甚至低能并不一定都犯罪这一问题。

德国精神病医生 K. 施奈德（Kurt Schneider）提出，病态人格与犯罪的关系最为密切，而那些很难矫正屡次犯罪的犯人，绝大多数都是病态人格。① 他根据临床经验发布《心理变态的个性》一书详尽地描述了十种心理变态者，如抑郁、狂躁、缺乏自信、感情增生等。他们缺乏责任感和同情心，不会对犯罪行为感到羞耻，初犯、偶犯的病态人格较少，累犯、惯犯的病态人格较多。② 德国精神病学家卡尔·比恩鲍母、美国精神病学家赫威·克莱克利等学者对有人格障碍的各类型犯人进行了比较和分析，为该理论的发展和延伸做出了贡献。但是由于对精神病的研究缺乏较为客观、公正的方法，在研究方法方面过于强调童年的经历，研究者对犯罪行为的解释多数处于理论研究阶段，还未得到科学的证实。③ 因此，该理论还存

① 郝银钟．遏制青少年犯罪新思维［M］．北京：中国法制出版社，2012：58.
② 徐久生．德语国家的犯罪学研究［M］．北京：中国法制出版社，1999：79-80.
③ 刘强．美国犯罪学研究概要［M］．北京：中国人民公安大学出版社，2002：128-130.

在很多的问题。

三、犯罪心理学观点

犯罪心理学观点认为，犯罪心理源于人的心理本能，换句话说就是本源性的心理原动力。其中主要体现为以下四种形式：侵犯性、利欲、性冲动和权欲。此四种学说，均从某一方面、某一角度解释了与犯罪有关的因素。这些学说具有一定的参考价值。菲利认为："人的任何行为是由人格乃至环境所作用的。"强调了人的生物属性，但是人并非只是生物属性的存在，他还有社会属性的存在，忽视了人的能动性特征，没有真正揭示犯罪心理的实质和核心。

四、犯罪的社会学理论

心理学、生物学对犯罪原因的研究主要强调人的本能和先天素质对犯罪的影响和作用，然而犯罪的社会学理论则是强调犯罪的社会学说的因素，即犯罪是社会外界环境造成的，是后天学习得来的。这里主要有塔尔德（Jean Gabriel Tarde）的模仿论、萨瑟兰（Edwin H. Sutherland）的不同交往论与条件反射论和班杜拉（Albert Bandura）的社会学习论三种理论。塔尔德的模仿论是指，每一种人的行动都在重复某种东西，是一种模拟。模拟是一种最为基本的社会关系，社会是由一些互相模拟的个人所组成的群体。由于社会上存在着可模拟的多种模式，个人就会因为选择不同，不可避免地发生对立和冲突。冲突的结果是双方通过自我调节以适应对方，从而实现社会的均衡。塔尔德在其成名作《刑罚哲学》中表述，大多数盗窃犯和犯罪人在儿童时期都是因为被遗弃而走上了犯罪道路，成群结队的盗窃少年如同麻雀群一样聚居着，由于缺乏教育，或是家庭缺少粮食，他们先小偷小摸再到后来的抢劫，他们虽没有天生的犯罪倾向，却受到他们同伴的坏影响。萨瑟兰的不同交往论是指由于社会解组（失范）出现了不同社会组织，形成不同的行为规范，遵循非主流规范的人，在接触与交往的过程中，学会了违法和犯罪，并且之后更倾向于接受违法和犯罪行为。

五、多元性犯罪原因论

多元性犯罪原因论主张的是：犯罪行为、犯罪心理并不源于单一的因素，而是多种因素综合作用的结果。如李斯特所倡导的“二元论”，即个人以及社会共同造成犯罪的最终原因，这是对犯罪人类学派的天生犯罪人思想的反驳。这一思想后来延伸到凯特莱的犯罪因一切社会关系发生，以及菲利的人类学因素、自然因素和社会因素造就犯罪原因的“三因素说”。多元性犯罪原因论的产生，与之前单一因素论相对比，研究深度前进了一大步。它更能全面反映导致犯罪心理形成和犯罪行为发生的各种因素及其之间的关系。

六、从社会学角度对造成犯罪解释的控制理论

从社会学角度对造成犯罪解释的控制理论。一是社会结构类。其理论认为，犯罪主要是社会中某些环节缺乏而引起的，正因为某

些环节的不完善，才会让居心叵测的人产生偏离道德的行为。二是社会文化类，将犯罪归结为文化冲突的产物，每个人心灵深处都有对已有的社会风气和文化传统的依恋，由此延伸来的价值行为与现实观念相悖，便会产生日益明显的文化冲突和矛盾，让人们难以承受异质文化的冲击，导致犯罪的发生。① 例如塞林文化冲突论理论等。三是社会多元类。该理论认为导致犯罪的因素是多元的，个体行为容易受到外在环境的影响，如心理、性格、情感等，若内因和外因在某一点上交织在一起引起共鸣的话，便会产生越轨行为。此外，美国的一些学者从社会结构、认同过程和社会冲突三个方面进行研究，并得出结论：社会原因最容易引起青少年犯罪形成及其变化。詹姆士·威尔森指出，正是由于社会和家庭没有参与和帮助青年完全社会化，因而这些青年缺乏道德标准以致无法区分对与错。

综上所述，犯罪生物学观点、犯罪精神病理学观点、犯罪心理学观点、犯罪的社会学理论，多元性犯罪原因论以及主张犯罪是由多方面因素综合起来的多元性犯罪原因理论等，可谓研究内容纷繁、解释角度很多，每一学派都著书立说。但是，从方法论上进行研究，就能发现有部分观点较为片面、偏激，没有突出“青年学生”这一犯罪个体的特殊性。因此，还不能准确地解释青年学生犯罪的原因。

---

① 王顺安，韩冰．中国少年司法制度的成就、问题和出路［J］．预防青少年犯罪研究，2014（6）：50-58.

第二节　国内关于青年学生犯罪原因的研究

关于我国犯罪的原因，许多专家和学者进行了广泛的研究和探讨，主要的观点达到了14种之多①，特别是针对青年学生犯罪的原因，也提出了不少颇具特色的观点。

一、单因说

单因说认为，青年学生犯罪是某种因素所导致的。但是，随着研究的逐渐深入，对于这个因素的深层次理解又存在着不同的观点。

一是社会失范论。社会失范论是通过社会心理分析的角度，对青年学生沦为盗窃犯这一类案件进行分析，该理论指出，寝室室友是青年学生生活所接触的团体之一，在这一团体中，团体规范对其行为和态度的影响最大。一旦青年学生屈服于团体的压力，沾染了腐化落后的思想，就极有可能走上犯罪的道路。因此，青年学生产生盗窃行为与青年学生寝室室友的颓废堕落现象有关，教育工作者必须重视对青年学生室友这一团体的正确引导，规范其团体行为和道德标准。社会失范论来源于西方犯罪学中的社会失范原因论，结合了当时中国的时代特征，但是此理论也有不足之处，不能说明没

① 阴家宝．新中国犯罪学研究综述［M］．北京：中国民主法制出版社，1997：97-100.

有出现社会失范情况下青年学生犯罪的问题。

二是心理因素说。心理因素说主要是从心理原因和思想意识两方面解释青年学生犯罪的原因。心理原因主要包括青年学生的情绪、情绪中是否具有冲动性和不稳定性特点，以及青年学生的自卑心理、自尊心理等方面。思想意识原因主要是从青年学生思想空虚、青年学生精神家园失落、知识贫乏等方面进行分析。① 有学者从青年学生心理缺陷这方面进行分析，认为心理缺陷可能导致犯罪的产生。② 虽然从心理因素方面探讨原因，客观上丰富了青年学生犯罪的研究内容，但是激情犯罪等一些特殊犯罪情况，光从心理因素方面是不能够完全解释出来的，还需要其他外部因素进行分析。

三是社会主因论。社会主因论认为青年学生犯罪主要是由一些社会上的负面因素引起的，正是因为当前中国社会的现状与以往相比发生了翻天覆地的变化，人们的意识形态也随着生活水平的提高发生了显著的变化。其深刻的社会根源第一是市场经济的发展，带来了负面影响；第二是社会中的某些腐败现象对青年学生意识形态潜移默化的影响。有学者指出当前高校的“唯分制”造成了青年学生人文主义、传统教育的缺乏。③ 虽然社会主因论从犯罪学以及人文主义的角度，阐述了深层次的原因，但是，真正造成青年学生犯罪的因素是来自多方面的，这种研究通常忽视了青年学生自身的

① 池忠军，万国海．大学生犯罪原因之探讨［J］．青少年犯罪问题，1995（3）：34-36.

② 葛晓奇，李江明．大学生违法犯罪心理因素探析［J］．青少年犯罪问题，1994（5）：21-23.

③ 刘洁，徐宝华．中国当代大学生犯罪问题研究［J］．安徽大学学报（哲学社会科学版），1999（2）：98-103.

因素。

四是学校教育原因论。学校教育原因论通过对监狱里服刑的青年学生进行调查，分析出，其一是教学内容理念性与社会现实性的矛盾；其二是个性培养与社会适应性的矛盾；其三是教师职业崇高性与少数教师师德有待提高的矛盾。青年学生走上犯罪的道路，在一定程度上的确与学校教育有着密切的关系。但是，认为青年学生犯罪单单是学校教育造成的，这种观点有失偏颇。

总之，上述种种单因论的观点，都是从某一方面对青年学生犯罪的原因进行了分析，有一定的理论研究水平。但是，认为青年学生犯罪仅仅是某一方面的原因造成的，就过于片面了。

二、二因说

二因说认为，导致青年学生犯罪的主要原因有两个，对于这两方面原因的理解，形成了三种不同的看法。

一是主客观原因说。主客观原因说认为青年学生犯罪主要是由主、客观因素共同造成的。主观方面的因素有：贪恋享受、注重享乐的人生观；追求绝对民主自由的政治观；利己主义、功利主义的价值观等。客观方面的因素有：市场经济背景下，社会上一些不良意识严重侵蚀着青年学生的思想。再加之，当前家庭教育对道德引导非常松懈，不少家长只把关注点放在子女的成绩上，很少关心子女的内心变化和波动。一旦子女考上大学，就认为其已长大成人，更放松了对他们在意识上、思想上、行为上的塑造。学校层面，在管理制度方面不够全面，管理方式上也不够严格，对青年学生的错误行为，没有起到及时纠正的作用，通常是批评得不严厉，制止得不及时。①

这种主客观原因有可能是在我国特殊历史时期，“以阶级斗争为纲”的学术反映，这种观念在当时有可能具备一定的开创性、新颖性，毕竟当时国家恢复高考仅五年时间，国家在经济建设中需要大量的具备一定知识文化的青年学生。因此，在当时能够将此问题作为研究方向具有一定的勇气，但是在研究时，应当抛弃某些过激的政治言论等。

二是双重因素影响说。双重因素影响说的观点认为青年学生犯罪是由两方面的因素造成的。又因为对两种因素的理解不同，存在以下两种观点。

观点一：内部和外部双重因素相互作用、相互影响是导致青年学生犯罪的主要原因。内部因素如政治素质不高，法律意识淡薄；功利主义严重，私欲膨胀，以自我为中心等。外部因素主要包括：家庭因素，留守孩子增多，畸形家庭增多；学校因素，现行教育考评体系，忽略思想道德教育；社会因素，不良的社会环境影响着青年学生健康成长，目前社会上的不良风气、拜金主义、唯利是图、低级庸俗、享乐主义等，对青年学生产生了严重的影响。

观点二：青年学生的前期教育因素和现实影响因素，共同作用导致了青年学生犯罪的产生。前期教育因素主要有：中小学时期德

① 袁纯清．大学生违法犯罪浅析［J］．法学杂志，1983（2）：24-27，64.

育的缺失，大学时期思想政治教育的薄弱、家庭教育环境的滞后，等等。现实影响因素主要有：外来思想的冲击、生活环境时代的变迁等。[①] 换句话说，双重因素的影响都可能导致青年学生犯罪。但是，两方面的因素到底对青年学生犯罪的形成起着怎样的作用呢？该观点没能给出全面、系统的回答，因此，该观点还是不能够准确解释青年学生犯罪的原因。

三是四维结构犯罪原因论。四维结构犯罪原因论是将犯罪当成一个系统进行研究，认为引起犯罪的原因是社会和个人呈现的不同思维结构。社会主义初级阶段带来的负面效应、商品经济的发展导致某些犯罪现象的出现和增长；社会主义社会仍在某些方面存在着阶级斗争；青年学生面临生活环境、生活背景的改变，生活上的落差以及家境上的贫困与对强烈物质财富的渴望形成对比而产生的犯罪。在社会意识方面的原因有：公共道德意识的淡薄、外来文化对传统文化的冲击、私有观念与传统观念的剥离以及剥削思想的产生等消极因素。然而，光靠外部这些因素往往是不足以产生犯罪的，个体个人意志的加工和转化是更重要的因素。个体的个人意志包括个体心理结构和个体人生观。个体心理结构包含认知、情感、意志以及需要这四方面的结构特征。个体人生观则主要反映在追求物质享受，即幸福观的方面；不受法律约束，即自由观的体现；知与行差距明显，即道德观的体现。该论者认为导致该现象的原因非常复杂，既有当前国际、国内各种因素的消极影响，又有社会问题的惯

① 孙涛．浅析新时期大学生违法犯罪的原因［J］．山东省团校学报：青少年研究，2000（2）：46-47.

性作用；既有青年学生自身素质出现的问题，又有大学教育在某些方面存在着的管理、教育甚至是制度上的缺陷。① 四维结构犯罪原因论虽借助犯罪学领域的理论来研究青年学生犯罪的原因，但是其没有突出的独特性，也未阐述出与其他社会群体的不同，没能真正解决问题。

三、三因说

三因说认为我国青年学生犯罪的原因有三个方面。有学者认为，大学生犯罪主要包括以下三个方面的原因：主体外的环境因素，这里包括主体外的宏观社会环境因素和主体外的微观社会环境因素以及主体的心理和行为因素等。有学者认为青年学生犯罪的频发，主要是社会、学校、青年学生自身三个方面的因素导致的。还有学者认为社会原因、学校原因、家庭原因是青年学生犯罪的主要因素。②通过对三因说不同观点的分析，我们不难发现，三因说其实就是前面二因说的翻版和升级，虽在二因说的基础上更为全面，但实则还是忽视了其他因素在青年学生犯罪中起到的作用。

四、五因论

五因论认为我国青年学生犯罪的原因主要有五个方面：一是社会环境的影响使社会上沉渣泛起；二是校园环境的影响，大学校园

① 马周年．大学生违法犯罪原因分析［J］．北京警院学报，1994（1）：13-16.

② 段兴利，苏一星．当前大学生中的犯罪现象及对策［J］．甘肃社会科学，1997（1）：77-78.

失去了以往的安宁；三是升学导向和家庭教育产生的误区，从小学到大学，社会和学校最关心的都是分数，淡化道德修养和素质养成；四是道德和法治观念淡薄，有的人不惜损人利己变得唯利是图；五是管理制度不健全，内部治安疏于防范。①

五、综合原因论

综合原因论认为导致我国青年学生犯罪的是多种因素的交互反应。该观点又分成以下几种不同的具体观点。有学者认为，导致我国青年学生犯罪的是复杂的、多种因素的作用。部分学生受西方不良思想意识的影响，崇尚个人主义思想，贪图奢靡，追求享乐刺激。实行改革开放后，腐朽思想对广大青年学生侵蚀的渠道、方式比过去大大增多；高校的思想政治教育工作薄弱，管理不够完善。② 有学者认为，从马克思主义理论以及思想政治教育的角度分析这一现象，原因是很复杂的，既有综合性的又有层次性的。有学者认为，犯罪是综合多因的结果，例如社会、环境、文化、经济、学校、家庭、婚恋、个体等几方面。③

---

① 杨洪雁．大学生违法犯罪现象探析［J］．河南教育学院学报（哲学社会科学版），1997（3）：21-23.

② 范宏亮．试析当代大学生违纪、违法及犯罪原因［J］．贵州警官职业学院学报，1990（2）：38-39.

③ 周宇中．在校大学生犯罪预防、防范及犯罪处理实务全书［M］．合肥：安徽文化音像出版社，2003：255.

第三节　现有研究存在问题及启示

一、国外研究方面

通过前面的研究，我们可以发现，国外学者在研究青年学生犯罪成因方面，基本沿袭具备成熟研究的青少年犯罪原因研究理论，这是非常值得肯定的。因为青年学生是属于青少年这个群体的，并且是其中重要的组成部分。国外学者分别从犯罪生物学、犯罪心理学、犯罪社会学等方面对青少年犯罪的原因做出了颇有见解的研究，对我们研究青年学生犯罪具有很强的借鉴意义。

但是，国外现有研究也有其不足。既没有考虑到研究主体青年学生以及青少年他们两者之间的不同，也没有顾及青年学生受到过高等教育的事实以及他们的知识文化水平、心智成熟程度、心理承受力等。在犯罪原因研究方面也内容繁杂、角度众多。分析角度虽从表象上看解释清晰，但是细细琢磨分析就会发现，有部分观点以偏概全，这也是今后我们在分析原因的时候需要注意避免的一个问题。

二、国内研究方面

从现有资料上看，国内学者在青年学生犯罪原因的研究上进行了积极的探索，取得了一定成绩。从单因说、二因说、三因说，到五因论和综合原因论，不断深化发展，从犯罪学等多学科多角度对青年学生犯罪原因，进行了认真分析，提出了颇有见解的一些观点，这些观点对于我们进一步研究青年学生犯罪的原因，有重要的启示作用。①

但是研究中也存在一些不足。

一是从“根”的层面破解预防青年学生犯罪难题的论述还不足。虽然当前分析青年学生犯罪的研究成果较多，但是从资料上看，这些理论和观点在研究视角方面还有一定的局限性，未能真正从根源上挖掘青年学生犯罪产生的主要原因。

二是从广度方面来看，全面系统地分析青年学生犯罪原因的还不够多。这些研究虽然分析了一些犯罪的原因，提出了颇有见解的意见，但就总体而言，全面性、系统性的研究还不够。

三是缺少分量重、学术影响力大的研究成果。通过对研究文献的梳理，不难发现，目前青年学生犯罪的专题论文刊登在 CSSCI 期刊上的很少，大量的论文则是青少年犯罪、未成年人犯罪等，这在一定程度上反映出学术水平有待提高。

四是跨学科研究开展不足，研究理论有待深入。在对青年学生犯罪原因的研究过程中，从现有文献资料来看，主要从心理学和教育学层面论述的较多，从犯罪学、社会学等学科进行的综合分析还不够。

① 吴殿朝．大学生犯罪研究述要［J］．河南省司法警官职业学院学报，2007（3）：39-42.

第三章 研究意义

第一节 研究的理论意义

青年学生犯罪的案件频见报端，充斥着人们的视线，每一起暴力案件发生的背后都涉及大学校园的正常学习和生活的秩序，引起了广大青年学生、教师、家长的深刻关切。因此，研究青年学生犯罪原因以及如何预防青年学生犯罪，不仅受到了诸多学者的关注，也引发了全社会的高度重视。本书基于青年学生这一特殊群体，以我国高等教育改革、社会转型为背景，借鉴国内外有关成因的成熟观点，吸取国外侧重实证研究的优势，系统研究青年学生犯罪频发的原因，为预防和减少青年学生犯罪提供有针对性的方法和对策。

一是有助于我国犯罪学体系的进一步完整。在过去的研究中，通常把青年学生作为青少年群体的一部分，并未区分出两者的不同，而且随着逐年的扩招，青年学生所占比例也越来越大，这个庞大而特殊的群体，的确需要投入更多的精力加以研究。正如日本学者藤本哲所言："人类要想彻底清除犯罪是不可能的，但是为了减少犯罪，可以采取积极的方式加以预防。"本书希望通过探索青年学生犯罪的生成机理，进而有效探索出青年学生犯罪的防控机制，为犯罪学、青少年犯罪学研究提供全新的视角，从而助推犯罪学理论的发展和丰富。

二是有助于高等教育研究的完善。高等教育培养国家、社会所需要的高级专门人才，研究高等教育是推动高等教育健康发展的重要途径。从过去的研究来看，高等院校一向重视青年学生的知识的掌握、能力的提升，但是，就整体而言，在高等教育这个研究领域，缺乏系统的对青年学生犯罪行为的研究，导致对青年学生犯罪的原因研究不够。在青年学生犯罪案件频见报端的今天，我们确实要反思一下：高等教育的目标到底是什么？社会到底需要培养怎样的人才？青年学生犯罪这个问题的出现，意味着高等教育自身存在一定的问题，高等教育与整个社会有着千丝万缕的联系，并且融为一体。在这种新的形势下，高等教育研究必须高度重视对青年学生犯罪问题的研究，对这个问题进行一个全面、系统的梳理，提出对策，从而推动高等教育健康发展。

三是有助于进一步健全高等教育管理。在校园寝室内，四名同学被杀很长时间不为人知；饮用水中被混入化学制剂，一名同学饮用后肾衰竭而死，等等。这些案件发生的同时，暴露出高校校园管理中隐藏的问题。青年学生犯罪案件发生后，社会上各类声音比比皆是，有探讨犯罪背后的原因的，有声讨高校管理的漏洞以及高等教育体制中存在的弊端的，等等。但是任何探讨、声讨背后都不能忽视的一个事实就是，案件本身已经发生，逝者已去。本书有利于帮助教育管理部门吸取以往的经验教训，找出高等教育管理过程中的薄弱环节，从而不断完善高等教育管理。

四是有助于进一步丰富教育法学的研究理论。从教育法学现行研究成果来看，研究青年学生权利问题的非常多，但是研究青年学生义务的却很少，离开了义务的权利是不正确的，权利和义务存在对立统一关系。教育法学的研究对象包括实践层面的研究、教育类法律的制定和运用、教育权利和义务等实际运用方面的问题。① 从某种意义上说，青年学生犯罪的出现，是因为青年学生自身没有履行好义务。因此，研究青年学生犯罪这一问题，无疑是重新梳理青年学生义务这一问题，旨在解决青年学生只享受权利而忽视自身承担义务的问题，也可以纠正在理论研究上重权利、轻义务的偏差，不断推进教育法学的健康发展。

第二节　研究的实践意义

第一，本书有助于促进青年学生个人的发展。作为受过高等教育的特殊青年群体，青年学生关系着国家的发展以及国家的未来，这个群体出现犯罪现象的确是令人扼腕叹息的。青年学生是当代青

① 郑良信．教育法学通论［M］．南宁：广西教育出版社，2004：34.

年中的佼佼者，他们是未来社会的脊梁，他们的形象也影响着大众对当代青年的评价。青年学生犯罪率的居高不下，的确是当今社会上令人担心的问题。回顾国内发表的关于青少年犯罪研究的大量论文资料，我们可以发现，绝大多数研究结果都从自然年龄角度加以分析，区分出青年与少年以及未成年人在概念上的不同，分析青少年犯罪产生的共性问题，是什么原因引起了青少年犯罪，等等。而单独将青年学生作为研究对象的专题论文则比较少。青年学生犯罪问题研究是将青年学生犯罪剥离出来，通过一个个鲜活的案例，剖析出青年学生犯罪的原因，以及在今后如何对青年学生犯罪进行预防，从而促进青年学生健康成长。

第二，本书有助于大学教育的改革与发展。自扩招以来我国的高等教育逐渐转变为大众教育，加之当代青年学生置身于社会急剧变革中，变得迷茫、困惑以及无所适从，加之受西方思想的影响，主流意识形态教育的成效受到冲击。因此高校作为培养高级人才的摇篮，应该针对当前社会现状，制定满足现实需要的教育课程和管理制度。通过研究青年学生犯罪问题，进一步查找大学教育自身存在的问题，并采取措施认真解决，促进大学教育的健康发展。

第三，本书可为制定青年学生刑事政策提供一定的理论依据。通过对青年学生犯罪问题的深入研究，可以制定和调整相关的刑事政策，对犯罪的打击方面、犯罪打击力度方面、犯罪惩罚方面政策的制定和调整起到作用。[①] 对青年学生犯罪问题的研究不能仅依据

① 吴鹏森．犯罪社会学［M］．北京：中国审计出版社，2001：27.

犯罪案件的数量，而是更应当从青年学生犯罪状况及其产生的原因进行深入的研究和分析，使其达到更为科学化的程度，这样的刑事政策才可能取得更好效果。

第四，本书有助于将青年学生犯罪限制在最小限度内。当今社会上的物质文明和精神文明已经得到发展，但是犯罪现象并不会因为社会的发展而消失，而是在犯罪手段上更为隐蔽，更难为人知。对青年学生犯罪原因的研究，无疑是为预防青年学生犯罪提供了一剂有效的“药方”。

总之，从国家人才培养的战略高度来讲，研究青年学生犯罪问题，关系着高校如何培养人、培养什么人的问题，可见，研究青年学生犯罪问题具有长远意义。

第四章 研究思路

本书研究思路主要包括以下几个。

第一，查阅国内外专家学者对青年学生犯罪问题研究现状的相关文献和资料，分析概括现有研究成果的优点以及存在的问题。第二，通过对青年学生犯罪案件的实证分析，概括出我国当前青年学生犯罪行为特性、主体特性和罪名特性，为分析青年学生犯罪原因和提出治理对策打下基础。第三，分析青年学生犯罪的原因，提出预防青年学生犯罪的对策。我国青年学生群体中的犯罪现象日益成为社会关注热点就是这种不相适应的表现之一。本书选择我国当前青年学生犯罪原因与预防作为研究对象，青年学生犯罪问题的直接原因在于我国目前的高等教育体制与我国因改革开放而发生的巨大社会变迁不相适应，这种问题的根源在于我国长期在人才培养问题上对德与才的关系和在社会治理观念上对德与法的关系重视不够，对在现代社会条件下以弘扬中华文明为民族复兴的关键的研究不够。

基于这一背景，本书以道德与法律的关系为主线，立足我国社会转型这一特殊时期青年学生犯罪的原因及特点，提出“德”“法”

这一预防青年学生犯罪的基本途径。本书力图通过对“德”“法”这一中华文明重要内容应有内涵的现代解读，来正确诠释“德”与“法”的关系。“德”与“法”是社会最基本的控制手段，因此对道德与法律关系的正确理解是研究青年学生犯罪问题的基础，也是构建正确的社会治理机制的前提。本书从纵向维度之个体因素以及横向维度之家庭、学校、社会等因素，探讨青年学生犯罪的原因，同时提出预防青年学生犯罪的措施。将“立德树人”的理论融入研究青年学生犯罪预防是一种新的思路，是一种大胆的尝试，笔者希望能从研究视角方面起到抛砖引玉的作用。

本书的研究思路具体如下所示：

问题提出—研究意义—青年学生犯罪案例分析—理论基础分析—青年学生犯罪原因分析—预防青年学生犯罪的策略。

第五章 基本内容

本书的研究内容设计为以下五部分。第一篇为绪论。根据我国当前青年学生的犯罪现象，提出本书研究青年学生犯罪问题的意义与方法；通过查阅梳理相关文献和资料，分析概括现有研究成果的优点以及存在的问题；指出尽管国内外不少学者和专家从诸多角度对青年学生犯罪原因进行了广泛的研究和探索，并在理论上提出了不少颇具特色的观点和见解，但整体而言，还存在两个主要缺陷：未能从深度和广度层面破解预防青年学生犯罪这一难题。

第二篇为青年学生犯罪的现状及特点。通过对大量涉及当前青年学生犯罪的案件进行实证分析，概括了我国当前青年学生犯罪的行为特性、主体特性和罪名特性，为后续引入青年学生犯罪原因和提出治理对策打下了基础。本部分提出了我国青年学生犯罪行为的基本特征在于犯罪行为失德性、犯罪行为单独性、犯罪行为突发性等；青年学生犯罪主体特性表现为大学低年级犯罪现象凸显化、各层次高校犯罪分布均衡化等；青年学生犯罪的罪名则通常集中在财产犯罪、暴力犯罪、网络犯罪和性犯罪领域等主要观点。

第三篇为“德”与“法”之历史借鉴。主要介绍了中国传统法治思想的发展及其演变。从最初周公提出的“明德慎罚”，到以孔孟为代表倡导的“为政以德”，中国法治理念在中国各个历史时代、历史时期不断继承发扬，这既是中华民族历经上下五千年的社会治理经验的积淀凝聚，又是民族道德传统的重大体现。道德是关键，法律起着维护、弘扬社会基本道德的作用，法的内容应是社会基本道德要求的具体化、规则化和制度化，法的基本目的是维护和弘扬社会基本道德，当道德起不到约束作用时，就必须运用法律给予制裁，使人弃旧图新、弃恶从善，最终达到社会和谐的至善境界。

第四篇为青年学生犯罪原因分析。本部分以社会基本道德与法治的关系为轴线，从纵向、横向两个维度，分析青年学生群体中的个体在家庭、学校和社会环境中由于道德的缺失而诱发犯罪的问题。在纵向维度，从本我、自我、超我三个人格层次分析了青年学生犯罪人格形成过程中自我道德约束的缺失形成的原因。在横向维度，则着重分析了青年学生成长的家庭、学校、社会等环境因素对青年学生犯罪的影响。在家庭因素方面，分析了家庭经济地位不高、家庭结构缺陷、家庭教育不当等与青年学生犯罪的关系；在学校因素方面，指出大学教育的偏差、高校管理的薄弱、校园文化的匮乏等是造成青年学生犯罪的校园因素；滋长青年学生犯罪的社会因素包括社会经济的负面效应、社会不良文化的影响、社会控制力的弱化等。

第五篇为青年学生犯罪预防策略。在青年学生犯罪预防领域中，关键是要正确理解“依法治国”与“以德治国”之间的辩证关系，将预防青年学生犯罪视为整个国家治理的有机组成部分。“以德修身”的德，将提升素质作为预防青年学生犯罪的前提条件，即正视自我、反思自我、重塑自我。“以德育人”的德，将家庭环境作为预防青年学生犯罪的重要防线，要在家庭中培养良好的道德情操，确立科学的教育方式，创设和谐的家庭氛围。“以德树人”的德，将学校环境作为预防青年学生犯罪的主要阵地，即高度重视道德教育；提升思想政治教育；大力推进法制教育；注重心理健康教育；构建良好树人环境；重塑积极校园文化。“德法并举”的德，将社会环境作为预防青年学生犯罪的重要保障，即完善社会主义市场经济体制；加强社会主义道德文化建设；构建青年学生犯罪的预防体系。

第六章 研究方法

单从研究方法的基本方式来说，包括了定性方面的研究和定量方面的研究，结构方面的研究和过程方面的研究，以及观察研究、调查研究以及文献研究等。由于青年学生犯罪研究所涉及的研究对象主要是青年学生群体，他们在犯罪行为方面有其特殊性和复杂性。因此，研究方面不能单一固定，而是应当综合全面地进行研究。正所谓“没有诠释的分析是空泛的，没有分析的诠释是盲目的”，为了使研究更有科学性，在样本的选择上也突出了针对性。我们专门编制了调查问卷。根据学校的类别，从重庆市高校中抽取 10 所高校进行调查。根据学校类别，选取 985 高校 1 所，211 高校 1 所，本科院校 4 所，高职院校 4 所。为了研究青年学生犯罪原因，我们还在西南政法大学青少年犯罪与少年司法研究中心选取了 30 个青年学生犯罪案件作为研究样本，为了研究青年学生犯罪的行为机制，我们还通过访谈、背景资料分析等方法对犯罪青年学生进行了深入的研究。

第一节 文献研究法

文献研究法是通过收集资料、分析和甄选资料及相关文献，为研究找到依据的科学研究方法。笔者查阅了国内外有关青年学生犯罪的文献资料、科研成果、统计数据、典型案例、新闻报道等，通过系统分析和梳理相关资料，整理出了预防青年学生犯罪的理论，为进一步深入研究青年学生犯罪问题、预防青年学生犯罪奠定理论基础。

第二节 问卷调查法

问卷调查法是根据研究目的科学设置调查问卷来收集资料的一种调查方法，这种方法具有两大优点。一是比较科学、客观、有效。问卷调查是严格按照固定的结构以及统一的设计形成问卷，再根据统计的数据进行分析的研究。问卷调查法的研究过程从最初的问卷设计，到后来问题的确定，到最后问卷结果的分析等都必须按照一定的原则和要求进行。二是能够根据研究需要，对问题和答案进行标准化设计，收集到大量的数据。问卷调查法共分为两种形式，一种是自由式问卷，另一种是选择性问卷。前者是被访问者随意作答；后者则是被访问者根据已有的 ABCD 选项进行选择性作答。此外，问卷调查法还允许匿名作答以保证数据的真实性。

笔者通过发放调查问卷的形式，在重庆市 10 所高校范围抽样调查青年学生犯罪的情况，研究出当前青年学生犯罪的现状、特点以及最后的处理结果。本次关于预防青年学生犯罪的问题主要以选择性为主，个别题目设置了自由作答的选项。与此同时，我们还将开展青年学生思想现状的调查，通过发放问卷，对当前青年学生思想现状、道德意识、道德标准做出基本分析，为预防青年学生犯罪提出有针对性的建议和防范措施。

第三节　个别访谈法

个别访谈法是根据青年学生犯罪的情况，挑选出具有代表性的调查对象，通过个别谈话以及访问等形式，了解青年学生犯罪的真实情况，通过多方面的访谈结果进行汇总分析，最终得出研究结果。从研究者的角度进行划分，个别访谈法可以分为两种类型，一种是结构性访问，另一种则是非结构性访问。结构性访问是指对受访者严格按照调查提纲进行访谈，这种访问形式能够使获取的受访资料比较规范，便于后期研究数据的分析和整理。而非结构性访问是指事先没有为受访者准备相应的调查提纲和表格，让受访者根据调查题目随机回答调查问题。笔者通过走访各高校、法院、检察院以及监狱等矫正机构，访谈处理过青年学生犯罪的工作人员，以此了解青年学生犯罪的发案率等基本状况。同时，对有犯罪行为的青年学生进行深度访谈，从已经服刑的、被执行缓刑的、被立案调查的、被学校处分的青年学生中选择典型代表。访谈主要从犯罪经历、犯罪心理的形成、犯罪行为的外化以及犯罪后的表现，了解青年学生犯罪行为人的生理、心理特点。

第四节 统计分析法

统计汇总与分析法是指研究者对通过调查取得的大量零散的原始资料再进行系统的整理和综合的过程。整个研究过程必须坚持实事求是的态度，运用唯物辩证法的观点，对收集来的资料进行整理加工、研究分析，从而揭示出调查资料所蕴含的规律性。

访谈法虽然调研资料翔实、深入，但费时、工作量大，运用统计分析法可弥补访谈的缺陷，通过收集的资料，对当前青年学生各类案例进行归纳总结以分析其行为基本状况，进行归因研究。案例统计主要是从媒体公开报道、各类案例选编以及法院的公开判决中选取典型案例，不断增加研究素材，进一步扩大研究范围。

第五节 比较研究法

比较研究法应用的范围比较广泛。首先，可能将比较研究法应用于不同研究视域、不同学科对青年学生犯罪问题的研究中去；其次，可以应用于不同历史阶段对青年学生犯罪问题的纵向比较，对中华人民共和国成立以来各个历史时期的特征梳理分析，即对青年学生犯罪问题进行历史性的对比研究，为真实、全面认识青年学生犯罪问题，预防青年学生犯罪提供客观依据。最后，应用于青年学生犯罪的实证研究中，通过对在校青年学生与犯罪青年学生进行问卷调查比较，客观呈现出他们在生活开销、课余时间安排等方面的状况，为防治策略的选择提供重要参考。

第二篇 02

青年学生犯罪的现状及特点

当代青年学生是受过高等教育的特殊青年群体，他们属于社会新生力量中的精英，社会各界对他们充满了关注和期望。近年来，全国不少高等院校青年学生犯罪的案件频发已经成为一个严重的社会问题。本书首先对青年学生犯罪概念进行了界定，然后通过对青年学生犯罪案例的梳理和分析，总结概括出了青年学生犯罪行为特性、青年学生犯罪主体特性、青年学生犯罪罪名特性。

第一章 青年学生犯罪概述

第一节 青年学生的概念

随着高等教育的普及，高等教育由精英教育逐渐向大众教育过渡。加之，高等学校自考制度“方兴未艾”，民办高校逐步走上了教育的前台，高等职业技术教育也在国家的强势支持下顺利发展。目前，我国呈现出以普通高等教育为主，成人教育、职业教育和社会力量办学共同发展，多层次、多形式、立体交叉的高等教育体系。①与之相适应的是，大众对青年学生概念又有了新理解，包括了高职院校学生以及民办高校学生等。高校扩招以及学生情况的日趋复杂，难以十分准确地界定“青年学生”这一犯罪主体。从新闻媒体对于青年学生犯罪的报道、社会公众的认识以及一些学术性的探讨来看，他们在犯罪主体上存在着不同的口径。

① 傅树京．高等教育学［M］．北京：首都师范大学出版社，2007：234-235.

这个概念从意义层面上理解，青年学生作为文化层次较高的群体，经受过严格的高考选拔程序，走进高等学府接受国家公认的高等教育，成为社会重要的人才储备，这与公众对青年学生形象的认知是基本相同的。同时，随着高等学校学生管理的日益现代化、规范化、科学化，这些青年学生在教育行政部门有着详细的学籍记录，各类数据、资料都有据可查，也为后面的研究提供了较为完善的数据依据。

第二节 犯罪

什么是犯罪？犯罪的含义到底是什么？现代文献中，学者们分别从刑法学、犯罪学的角度进行了界定，现分别阐述如下。

第一，从刑法学的角度界定。

从刑法学角度进行界定可以理解为，“什么是犯罪”实质上是解释犯罪的一般概念，不涉及具体犯罪，例如故意杀人罪、盗窃罪、放火罪等的具体概念。① 《中华人民共和国刑法》（以下简称《刑法》）第十三条规定：“一切危害国家主权、领土完整和安全，分裂国家、颠覆人民民主专政的政权和推翻社会主义制度，破坏社会秩序和经济秩序，侵犯国有财产或者劳动群众集体所有的财产，侵犯公民私人所有的财产，侵犯公民的人身权利、民主权利和其他权

① 高铭暄，马克昌．刑法学［M］．北京：北京大学出版社，2000：42.

利，以及其他危害社会的行为，依照法律应当受刑罚处罚的，都是犯罪，但是，情节显著轻微危害不大的，不认为是犯罪。”①

其中社会危害性及其程度是犯罪的本质，具有决定意义。“罪”与“非罪”的界定是我们进行本课题研究的基础性问题，也是研究开展的前提性工作，它是一个非常重要的理论、实践问题。对犯罪进行界定和明确，是区分“罪”与“非罪”、“此罪”与“彼罪”的前提。西方学术界的学者们对犯罪的概念给出了“五花八门”的解释②，法律教义学一词源于希腊语中的“Dogma”，即基本确信、信仰规则的意思③。由此得出，犯罪的实质是先于法律的存在，法律的制定和维护是为了实现某种社会利益的最大化，实现社会的公平正义。各种各样的含义，以及从不同角度对这一词汇的解读，为我们深入理解犯罪命题提供了参考。犯罪概念是对具体的犯罪行为抽象的描述，人们不禁会反问，法律会将怎样的行为界定为犯罪、怎样的行为界定为非罪，而这一界定的标准就能够解释出犯罪本质的问题。其一，权利侵害说，由德国哲学家费尔巴哈提出，犯罪就是对权利的侵犯，国家为了维护其他人的权利而处以刑罚④。其二，法益侵害，由刑法学家毕伦鲍姆提出，经过不断的丰富发展，最终形成了“犯罪是对法律保护的生活利益的侵害”。其三，文化规范违反说，这种界定认为我们通常所指的犯罪是一种文化规范违反社会

---

① 储槐植，张永红．善待社会危害性观念——从我国刑法第 13 条但书说起［J］．法学研究，2002（3）：87-99.

② 张旭．犯罪学要论［M］．北京：法律出版社，2003：70.

③ ［德］魏德士．法律学［M］．丁晓春，吴越，译．北京：法律出版社，2005：136.

④ 方泉．犯罪化的正当性原则——兼评乔尔·范伯格的限制自由原则［J］．法学，2012（8）：111-121.

上认可的宗教、道德、风俗等内容。第四，马克思主义犯罪观，马克思主义认为社会被划分为统治阶级和被统治阶级两个对立层面，前者为了维护自身利益，运用手中掌握的权力，将那些涉及危害、侵犯的行为定义为犯罪，并给予惩罚。刑法学范式的研究是从规范角度对青年学生犯罪行为的法律性质进行分析的，关注的重点是犯罪行为的社会反应，而对于青年学生犯罪的主客观原因并不做深入研究。刑法学范式的研究主要是从犯罪构成要件的主观方面去考量的，并不考虑每个犯罪青年学生的动机等背后个性主观因素。即使考虑这些因素，也只是酌定的量刑情节，以此判断违法行为人的主观恶性，从社会危害性和预防犯罪的角度决定刑罚的适用。

第二，从犯罪学的角度界定。

犯罪学中犯罪的概念是一个非法律性的概念，主要是因通过探讨人们为什么会实施侵犯，以及如何更为有效地控制和减少犯罪行为，以努力改善人类社会自身生存质量的初衷而诞生的。① 其研究的主要内容是犯罪，但犯罪学更重要的是寻找途径来预防和减少犯罪行为的产生。通俗地解释，犯罪学中研究的犯罪是指：犯罪是一种社会法律现象，是在特定时间和特定地点，实施的触犯法律底线的危害社会的行为。在我国，犯罪学界对犯罪的定义是严重危害社会应受制裁或应受处罚的行为。② 犯罪学意义上的犯罪“内涵深，包容广，外延大”。这种意义上的犯罪被称为“大写的犯罪”，认为犯罪包含着两个方面的范畴，一方面是法律上的；另一方面是社会上的。

---

① 李玥．犯罪学原理与实务［M］．北京：北京科学技术出版社，2001：56-57.

② 张远煌．犯罪学原理［M］．北京：法律出版社，2001：12.

如果犯罪学只是单纯地将法律观念上规定的犯罪作为研究对象的话，将会导致犯罪研究对象不完整，导致在犯罪预防和犯罪根源上彻底失去研究方向。犯罪在法律意义上的概念和在社会学的概念虽有一定联系，但实际包含的范围和性质是有所不同的，如有些法律层面不认为是犯罪的行为，从社会学概念来看则是实属犯罪的行为。① 犯罪学是在探讨犯罪产生的社会原因的同时，对社会环境、法律制度“短板”的思考，促进社会犯罪防范体制的建立和完善。

由此可见，刑法学、犯罪学都是对这一特殊概念的研究，即我们所一致指向的“犯罪”，这是没有疑义的。然而，两者的出发点有所不同，如何评价犯罪、惩罚犯罪是刑法学着重研究和分析的问题，如何理解犯罪、认识犯罪规律则是另一学科着重研究和考量的特殊问题。犯罪学从多学科视角研究青年学生犯罪的原因，并针对犯罪研究对象的不同，有的从犯罪青年学生个体形成的微观原因分析，也有的聚焦于犯罪率等整体特征，从宏观层面把青年学生犯罪作为一种社会现象来探究。② 运用犯罪学来进行研究，对于本书来说，能够突破逻辑方法的局限，使研究方法更具多层次性，并使用多学科知识，在最大程度上对青年学生犯罪的研究进行多点理论突破。

① 肖剑明，皮艺军．犯罪学引论［M］．北京：警官教育出版社，1992：219.

② 魏平雄．犯罪学［M］．北京：中国政法大学出版社，1997：10.

第二章　青年学生犯罪行为特性

北京市10所高校的调查统计表明：青年学生犯罪案件共计67起，涉及罪名有盗窃、人身伤害、涉黄等，其中盗窃33起，占49.25%；人身伤害案件12起，占17.91%；涉黄案2起，占2.98%；利用计算机犯罪1起，占1.49%；性犯罪5起，占7.46%。[①] 针对青年学生犯罪个体的不同，通过对青年学生犯罪行为进行梳理和分析，发现青年学生犯罪行为具有以下几个特性。

第一节　犯罪行为失德性

青年学生在认知发展方面与青年相比，取得了“质”和“量”两方面的巨大进步。“质”的变化主要体现在解决问题时能熟练地应用逻辑、推理等手段；“量”的主要变化体现在各种智力因素如感知觉、言语、记忆等能力得到进一步发展和完善。[②] 当前青年学生犯

① 姚建龙．青少年犯罪与司法论要［M］．北京：中国政法大学出版社，2014：12.
② 白学军，王敬欣．发展心理学［M］．天津：南开大学出版社，2013：174.

罪事件的发生，很多都是诸多社会因素造成的，为了名利而迷失本性，为了财富而道德缺失。可以归纳为以下几个方面：

首先，道德层面缺乏奉献精神。如今的一些青年学生由于受到社会上的歪风邪气的影响，他们认为老一代的奉献意识早已过时，当今社会上哪里还有不谈效益只谈奉献的人，更多地表现为金钱至上、崇尚自我。他们在市场经济一些负面因素的影响下，将追求利益的最大化作为自己的人生目标，毫不掩饰对物质利益的狂热追求、执着崇拜，甚至不惜触犯法律而牟取暴利。

其次，功利主义盛行。英国经济学家亚当·斯密曾提出，“人的一切行为都是为了最大限度地满足自己的利益”①。上个好大学，学个好专业，就意味着将来能够进入更好的单位，晋升到更好的职位，获得社会上公认的成功——名与利。② 根据调查数据显示，85%的青年学生学习是“为了找一份更好的工作”“赚更多的钱”，73%的同学认为文史哲等文科知识“没用”，只有不到 10% 的同学是为了“做学问、提高自身修养”而学习。青年学生真正的入党动机“更好地为人民服务”仅居于第二位，而位于前面的动机则是“有利于今后找到更好的工作”。青年学生在择业方面，也更倾向于在“北上广”等一线城市发展，更愿意选择金融、IT、房地产、通信等高薪热门行业。③ 对一些偏远地区及基层岗位嗤之以鼻，有些人虽然下基层当村干部，但并未安心从事基层艰苦的工作。正因为功利主义

① 方娜．政治关联、过度自信与企业风险承担——来自我国民营上市公司的经验证据［D］．南京：南京大学，2016：2.

② 张彪．如何应对青年学生的功利主义［N］．光明日报，2014-06-17（10）．

③ 王辉．行为改变技术［M］．南京：南京大学出版社，2014：145.

盛行，一些青年学生也为了在人生路上找到捷径，铤而走险，最终跌入犯罪的深渊。

最后，贪图享乐之风蔓延。随着市场经济的快速发展，人们的物质文化水平提高，传统美德被很多人遗忘和抛弃。青年学生这类在高校群体里的知识分子，或多或少也会受到社会上诸多因素的影响，他们的价值观也发生了“倾斜”，一些人更乐意追逐物质享受以及纸醉金迷的人生。调查数据显示，22.8%的青年学生认为人生的目的就是“吃得好、穿得好、玩得好”；43.5%的青年学生把“生活舒适”“薪水高”“爱情甜蜜”作为人生追求的主要目标。[①] 分析数据不难发现，他们表现得尤为浮躁，已经简单地将追求舒适安逸等同于个人人生价值的实现。[②] 他们认为自己越有钱，就意味着越成功，孜孜不倦地追求这一人生目标，而放弃了坚韧不拔的品质和奋斗的精神。正因为他们对人生目标感到无知和茫然，所以在偶遇到可以让自己“一夜暴富”的犯罪捷径时，他们很容易深陷其中。

回顾一下某大学杀人碎尸案。2007 年 6 月，张某与被害人木某在丽江市某夜总会相识，木某常约张某吃饭，并将其发展为情人，为了笼络张某，木某先后送过价值 2 万余元的财物。某日，木某来到张某租赁房屋，张某见其非常有钱，便想暴力劫取财物，随即张某男友谢某及朋友陈某对木某实施了抢劫，在套取银行卡密码后，担心木某打击报复，想着“一不做二不休”，张某让男友将木某勒

① 吴增基，吴鹏森，苏振芳．现代社会学（第 5 版）［M］．上海：上海人民出版社，2014：338-339.

② 常春梅，李彦君．当代大学生炫富现象探析［J］．中国青年社会科学，2015（3）：80.

死，并将尸体肢解，抛入河内。经一审、二审，法院判处谢某（张某男友）死刑，判处张某死刑缓期二年执行。

第二节　犯罪行为单独性

青年学生犯罪团伙性犯罪少，“单打独斗”多。未成年人常因为年龄尚轻、个体力量相对薄弱，喜欢拉帮结派，模仿电影的情节，“三五成群、两个一伙”地随机组合在一起，以此增强作案的有生力量。而青年学生思想相对成熟，受过高等教育，对某些社会问题、社会事件通常有自己独特的见解和看法，他们在谋划犯罪行为时，通常不再需要像未成年人那样需要一大堆同伴叫嚣着为自己的犯罪行为壮胆，也不擅长像未成年人那样一大群人欺负一个人实行校园暴力，他们通常对自己的犯罪行为早有预谋，不希望外人以及同学窥探出自己内心的犯罪动机，他们通常单独地实施犯罪行为。

2016 年 3 月川师大杀人案占据了各大报纸的头条，为什么一个花季少年会用如此手段杀害同窗？在看守所里，滕某向律师描述了事发当晚的情形。双方发生了口角，滕某冷静地杀害了对方，同时还将自己反锁在犯案现场，让周围同学报案。他当时试图向芦某解释自己的精神状态，但芦某没有相信他的话，还开玩笑地说了一句：“谢谢你饶我一命。”也正是这一句话彻底将滕某激怒了，他掏出菜刀杀害了芦某，共砍了芦某 50 多刀，可见当时场面的血腥和暴力。

2013 年 4 月，上海某知名高校被一起投毒案打破了往日的平静，研究生黄某遭他人投毒至死。研究生同学林某有着重大犯罪嫌疑，他是黄某的室友，两人性格不合，常因琐事发生争执，林某逐渐将不满埋藏在心中。某一天，林某在大学宿舍里，听到室友黄某和其他同学调侃4月1日愚人节要到了，想做一个节目来愚弄人。看到黄某笑得扬扬得意，林某觉得黄某在影射自己。2013年3月31日，林某回到寝室，在没有旁人的情况下，将化学制剂投入饮水机内。愚人节当天，黄某因饮用了被投毒的纯净水，出现了头晕以及呕吐等症状，随即送医就诊。4月16日，黄某经抢救无效去世。经法医鉴定，黄某是因林某恶性投毒，进而诱发多器官功能衰竭死亡的。2014年2月，林某被判处死刑，2015年1月，二审维持原判。2015年12月11日，林某因故意杀人罪被依法执行死刑。

由此可见，青年学生在实施犯罪时，他们通常采取“独行侠”的模式，犯案通常也不会“呼朋唤友”，不像未成年人那样为了“哥们义气”聚成一群“乌合之众”喊打喊杀，而是自己根据自己的意志实施犯罪。

第三节 犯罪行为突发性

据南京市检察院统计，在青年学生实施的侵犯人身权利的犯罪案件中，突发性犯罪占到了70%左右。[①] 青年学生犯罪行为过程具

① 李阳．当代大学生犯罪原因及预防对策分析［J］．阜阳师范学院学报（社会科学版），2011（1）：120-123.

有很强的突发性，常是由言语不和，或是肢体冲突，演变为暴力犯罪，通常是在非正常的情绪中，如暴怒、绝望、仇恨等消极的情绪状态下，缺乏明显的犯罪预谋。只是由于犯罪青年学生本人缺乏丰富的生活阅历，容易感情用事，缺乏对后果的理智分析能力，自控力以及自我约束能力等较差，不能准确地意识到自己的行为可能导致的后果，从而实施触犯法律的行为。从几起青年学生犯罪的案例中可以看出，有15%的青年学生的犯罪，只是受到当时事态的影响后突发的犯罪行为。

如2016年10月20日，中南林业科技大学两名男生，为帮各自女友争5000元奖学金，在校内食堂门口发生肢体冲突，其中家具与艺术设计学院的男生认为自己被体育学院人高马大的男生欺负了，吃了亏，于是拿出身上的裁纸刀，捅了体育学院男生两下，被捅伤男生被送往医院治疗，还好没有生命危险。这个案例清晰地显示出，引发双方男朋友斗殴的起因只是一个简单的女朋友国家励志奖学金排名先后问题，能评上国家励志奖学金的同学在校内一定是品学兼优的好学生，而这两名品学兼优的好学生却没有通过正常渠道进行反映，而是通过双方男朋友进行协商，男朋友也因为面子问题，最终使这件事演变为肢体冲突和刑事案件，当时那名家具与艺术设计学院的男生捅伤体育学院男生也具有突发性，也许仅仅只是一时冲动，觉得自己没能在肢体冲突中占得上风，在失控的情绪中拿出裁纸刀，捅伤了体育学院男生。

第三章 青年学生犯罪主体特性

回顾当前青年学生犯罪的案件，不难发现，涉事青年学生并不全是我们通常想象的那些成绩较差、品行恶劣的“边缘学生”，而事实上，不论成绩好坏、素质高低，青年学生均有可能走上犯罪道路，各类青年学生均占一定比例。从一般高校到985、211高校，从低年级犯罪到高年级犯罪，涉案主体范围之大令人震惊。

第一节 大学低年级犯罪现象凸显化

青年学生犯罪的现象不仅仅出现在高年级，目前逐渐在向低年级青年学生延伸。为什么青年学生会在低年级频频出现犯罪现象，年龄越小，犯罪现象会越突出？可以参考一组研究数据，在涉事青年学生中，19~22岁产生犯罪现象的占51%，23~25岁产生犯罪现象的占35%，25~28岁产生犯罪现象的占14%。从重庆市受理的共计14件青年学生犯罪案件中，我们不难看出，涉及犯罪人员17人次。从犯罪人员年龄上分析，17 人中，犯罪嫌疑人年龄最小只有 19 岁，而年龄最大的是 24 岁，由此可以得出，青年学生犯罪普遍存在年龄结构偏小、生活阅历尚浅等因素。曾有学者对青年学生犯罪主体做过分析，青年学生犯罪的高发阶段是在大学一年级的时候，另一个犯罪的高发阶段则是在大学二年级的时候。

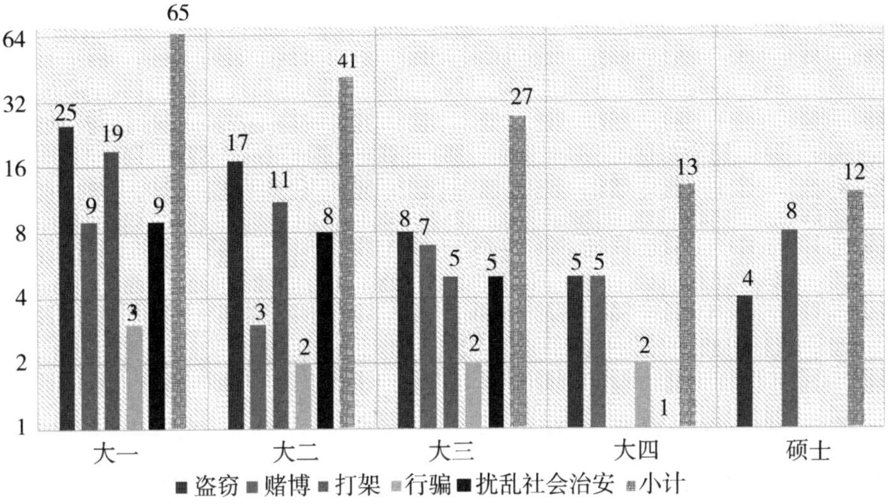

图 2.1　重庆某高校不同年级青年学生犯罪情况调查（2007—2016）

Fig 2.1　investigation of university students' crime cases in a Chongqing based university

通过以上柱形图，从青年学生犯罪案例中分析，我们不难发现，犯罪数量在大一、大二、大三、大四、硕士阶段分别是：65 人次、41 人次、27 人次、13 人次、12 人次。犯罪比例最高的是在大学一年级的时候，共计有 65 名青年学生走上了犯罪的道路，占所有犯罪类别的 41.1%，而其他年级所占犯罪比例较小。因此，我们应当对大学一年级的学生加强监管，将犯罪行为扼杀在萌芽时期。

第二节　各层次高校犯罪分布均衡化

从青年学生犯罪主体上分析，我们不难发现各类学校均有可能出现青年学生犯罪的现象，不像以前我们设想的那样，只有考分较低的高职、专科学校，才会出现青年学生犯罪。可以回顾一下经典案例，不论是 2003 年某大学残忍杀害室友的学生，还是 2014 年某大学向室友投毒的学生，都是重点大学的学生，为什么会采取这样暴力的手段杀死自己身边的同学，他们之间到底有什么不可化解的深仇大恨呢？其实我们可以发现，当前国内教育鉴别学生好坏的标准就是“以分数论英雄”，家长和教师常常会以一个学生的学习成绩的好坏来判断该生的优劣，往往忽视学生的道德、品行、心理等其他因素，使得部分青年学生一味地专注学习，而放松了对自己思想道德的要求，最终因为控制不了心里的“恶魔”而走上了犯罪道路。

例如，某大学学生刘某，为了测试熊的嗅觉是否灵敏，2002 年 2 月 23 日，将硫酸泼向北京动物园里的 5 只狗熊，造成多只狗熊受伤。① 回顾刘某的成长背景，一家有三口人：姥姥、刘母和刘某。刘某出生不久，刘母便与丈夫离婚，一家人这 20 多年来生活基本全靠刘母微薄的工资支撑。当记者询问刘某为什么要残害熊时，刘某

① 刘晓亮．互动仪式链理论对青年价值观培育的启示［J］．中国青年研究，2018（6）：99-104.

回答道，他在书上看到熊的嗅觉十分灵敏，分辨能力很强，想测试一下真实与否。第一次向熊倒了火碱后，看到熊没有什么反应，就想再试试用酸，因为酸有特殊气味，熊如果嗅觉灵敏就应该能闻出来。我们很难想象一个这么优秀的青年学生会用这么残忍的手段伤害动物，也很难理解他伤害熊的动机竟是单纯测试熊的嗅觉。但是看到这么一个即将被保送研究生的青年学生干出这样的蠢事，我们确实该深思“高分低能”培养的背后到底是什么做错了。2016 年 8 月 1 日《成都商报》刊登了一则题为《大学生为挣高薪体内藏毒帮人带货获刑 15 年》的新闻，四川某高职学生小李，寒假在网络上看到一则招聘广告：“出差七天带货，每趟近万元，报酬事后结算等。”竟然有这样的好事情，小李立即从青海老家赶到西昌，不假思索地接受了这份高薪“运货”工作，最终因犯运输毒品罪，小李被法院判处有期徒刑 15 年。

一个青年学生居然能相信“天上掉馅饼”这等不劳而获的“好事”，而且在面对毒品运输时，明知是犯罪却偏偏要铤而走险，的确值得我们深思。从以上案例，我们不难发现，无论是重点本科院校还是高职大专院校，都有可能频频出现犯罪事件，我们不能回避分数高、成绩好的学生也有可能犯罪的问题，如清华大学学生刘某用硫酸泼狗熊的事件，刘某能考上清华大学，客观上就反映了他学习成绩是非常优异的，但是成绩的优异并不意味人格的健全，正因为过分重视唯分数论成败，而忽视了德育的培养，才会出现这样的恶性事件。一些青年学生还会因为爱慕虚荣、一夜暴富的思想困扰走上不归路。这些学生很容易由于自身思想的不正确而产生错误的价值观，加之年龄比较小，社会阅历不够，思想还不够成熟，极易产生犯罪行为，而且他们通常并不认为这样的行为会导致犯罪，如为挣高薪体内藏毒，或是为还网贷做援交等。

第四章　青年学生犯罪罪名特性

随着青年学生犯罪案件的不断增多，青年学生犯罪侵犯的社会关系范围也在不断扩大，分析青年学生犯罪案件可发现，青年学生犯罪的罪名主要集中在以下几个方面。

第一节　青年学生财产犯罪特性

青年学生侵犯财产主要集中在盗窃、抢劫和诈骗方面。随着社会的发展，物质生活的提高，人们对生活品质的追求发生了显著的改变，已由20世纪七八十年代追求的缝纫机、自行车、手表、收音机逐步变为豪车、别墅、名表等奢侈品。青年学生在这个充满物质需求的年代里，如何培养“出淤泥而不染”的道德品质显得尤为重要。当物质与欲望不成比例时，就会使青年学生心理失衡，造成行为的偏差。北京市公安局海淀区分局的调查数据显示，在2000—2004年4年中，一共处理了547名犯罪学生，涉及财产性犯罪的占犯罪总人数的63%。①

在侵犯财产罪中，青年学生最容易犯的就是盗窃罪。某市司法部门的最新调研报告显示，经过统计近年来青年学生犯罪的案件，可以发现青年学生犯盗窃罪的占全部犯罪的60%左右。这样庞大的增长数据后面说明了什么？是什么让这些“天之骄子”走上了犯罪的不归路？

案例一：2014年网络上的一则题为《学生会主席疯狂盗窃沦为阶下囚》的新闻吸引了民众的目光。2014年9月19日，学生会主席秦某因盗窃被抓的新闻充斥着各大媒体，人们开始反思：是什么导致这位学生会主席沦为阶下囚？1985年，秦某出生在湖南省衡阳县一个贫困的家庭中，母亲靠微薄的收入养育着秦某和他的两个妹妹。在秦某的印象里，母亲起早贪黑，节假日也从不休息，一个月1000元的工资勉强供着他和妹妹上学，即便如此，家里还欠下80000元的巨债无法偿还。秦某成绩优秀，2010年以优异的成绩考入了北京攻读研究生，在此期间，他获得过学校全额奖学金，担任令无数同学羡慕的学生会主席一职。人生往往是变幻莫测的，每一个转折点恰恰是做出人生重要选择的时刻，而秦某却在这一转折点做出了一个错误的决定。2011年，秦某的女朋友文某意外怀孕，需要凑钱做人工流产手术，秦某不愿再向自己贫困的家庭开口，不愿再给为生计而奔波的母亲带来压力，他只得向周围朋友东拼西凑，但是金额难以达到预定标准，他感到很无助、很彷徨。不久之后，文某表示

① 金志海．关于大学生犯罪问题的思考［J］．青少年犯罪研究，2006（2）：31.

她已经筹钱做了人流手术，并认为秦某在关键的时候靠不住，要和秦某分手。为了挽回文某的心，秦某用菜刀剁掉了自己的一段小拇指，以此表示："从今往后，不会再让文某受一丁点苦。"

这件事发生之后，秦某的心态发生了巨大的改变，他认为正是因为自己没有钱没能力，才让女朋友文某遭受了巨大的痛苦，自己要做点什么弥补文某。残酷的现实扭曲了单纯善良的真我，秦某切身地感受到金钱的"万能"。从此之后，秦某开始利用一切课余时间外出做兼职，甚至逃课出去做兼职，以求每月定期给文某汇去足够的钱供她花销，自己则省吃俭用，一天只吃一顿饭勉强维持生活。但当秦某当选学生会主席的时候，经济来源则断了，学生会大量事务性工作占据了他大量的时间，他不得不停止一切兼职工作。秦某开始透支信用卡，"拆东墙补西墙"，甚至向朋友借钱，整天为了还钱心神不宁，浑浑噩噩。2012 年 10 月 1 日，正值国庆长假，秦某疯狂地盗窃了 15 间寝室，从名牌相机、手表到化妆品、茶叶和衣服。他还将盗窃来的 LV 皮包、化妆品、首饰送给女友。犯罪嫌疑人秦某被抓时，已经共计盗窃了 100 余件物品。2014 年 9 月，秦某因盗窃罪被判处有期徒刑两年半。回顾整个案件，我们可以很清晰地看出，一个有为青年一步一步因为价值观的迷失沦为阶下囚的过程，他为自己的犯罪行为付出了惨痛的代价。

案例二：2013 年 5 月，某高校大一女生小娜在外闲逛时，突然发现某超市监管不严，于是想"找找刺激"顺手牵羊，小到丝袜、白牙素，大到棉质睡衣、保暖拖鞋等，统统塞进自己的大衣里，自以为神不知鬼不觉，殊不知监控记录下了一切。当超市监管人员问及小娜，为什么一个大学生会做出这样丢脸的事情，何况她并不是因为缺钱时，小娜回答道："自己现在非常后悔，当时只是一时冲动，头脑发热，以为可以占点小便宜，追求一下刺激。"殊不知会为自己如此无知的行为买单。

案例三：2009年，同为大学室友的王某与陈某闹矛盾。某一天，为了报复，王某趁陈某打篮球时，将陈某的信用卡拿走并消费2000元后若无其事地将卡放回了原处。陈某发现后报警，但因为没有线索，事情最后不了了之。王某见自己的行为未被发现，胆子更大了，又找到一次机会偷了信用卡，到银行自动取款机偷取了1500元，殊不知天网恢恢疏而不漏，自动取款机记录下了他的视频资料。

笔者对以上这几起青年学生侵犯财产案件进行分析发现，导致青年学生走上偷窃的不归路的主要有以下几个原因。第一，精神空虚。偷窃行为只是为了寻求精神层面的刺激，通常"不以为耻、反以为荣"。这种情况主要发生在家庭条件较好的青年学生身上，成因包括成长背景中缺失完整的道德教育以及未形成健全的人格教育。第二，虚荣心作怪，想不劳而获地占有自己购买不起的东西，贪图享乐以及高消费犯罪，满足自己对喜欢的东西的占有欲。父母给的生活费基本上只能够满足学生在校期间的学习、生活，但是有些青年学生贪图"纸醉金迷"并长期深陷其中无法自拔，再加上无固定收入，往往无力承担这些消费。第三，对特定的人进行报复，平时因为一些小事同学之间产生了积怨，一旦这些积怨没能得到疏解，处于弱势的一方总会通过其他方式寻找突破口。第四，经济负担也是促使青年学生侵财犯罪心理形成的重要因素之一，进入大学之后，悬殊的生活水平让他们认为自己与家庭条件优越的学生产生了巨大的差距，难以抵制对物质的渴望，从而心理失衡。如果缺乏引导，再加上自我调适不当，就容易被金钱绑架，走上歧途。

第二节　青年学生暴力犯罪特性

暴力型犯罪在大学校园里显得尤为突出，仅次于偷盗行为，在大学校园里发生的暴力型犯罪一般是血腥的，轻微的如打架斗殴，严重的如故意杀人等，严重影响了大学校园安宁的氛围以及社会的安定团结。这里有一项调研报告，对某监狱在押青年学生的罪名进行梳理统计，发现暴力型犯罪所占比例非常高，占调查总数的40.70%，其中包括抢劫罪占调查总数的23.95%，故意杀人罪占调查总数的4.79%，故意伤害罪占调查总数的8.06%，强奸罪占调查总数的3.90%。

案例一：马某，广西宾阳人，1981年5月4日出生，曾是某大学生化学院生物技术专业2000级学生。2004年2月13日至15日，马某以杀人作为解决人际冲突的终极手段①，共杀害四名同学，后来从昆明火车站出逃。马某3月15日在海南省三亚市落网，最终被依法判处死刑，并于2004年6月17日被依法执行死刑。2004年正处于大四找工作时期，案发前几天，马某和几个同学在一起打牌，

① 李文道．大学校园惨剧，折射学生心理困境［N］．光明日报，2013-05-06（16）.

其间同学邵某怀疑马某出牌作弊，两人产生了激烈的争吵。马某和邵某都来自广西农村，同窗多年有着深厚的友谊，当好朋友对自己做出这样的评价时马某内心深处很受伤，他觉得自己被好友背叛了，成为同学们嘲弄的对象，大家都在看他笑话，于是非常愤怒，一股热血涌向头顶。第一个受害人是唐某，唐某其实与马某并无过节，而且平时一直住在校外，但是他长时间赖在寝室里，妨碍了马某。2月13日，马某趁唐某不备，就用石工锤砸向唐某的头部，并认真处理好现场。想着“一不做二不休”，2月14日，马某又故技重施将邵某砸死。2月15日，马某正在寝室处理杀人留下的血迹，杨某进门找马某打牌，害怕事情暴露，马某又抡起石工锤结束了杨某的性命。晚上，马某来到龚某的宿舍，说打牌正“三缺一”，将龚某骗到了寝室，并以相同的手法杀害了龚某。

回顾暴力型犯罪案件可发现，一是大案居多，而且后果严重。校园这个独立的小社会，来自五湖四海的学子背负着不同的生活习惯和生存背景，当遭遇到其他个性迥异的同学时，或多或少地会发生这样或那样的矛盾。加之社会阅历少，心理调适不当，这些冲突和矛盾产生的怨气突然爆发就会引起犯罪行为。寝室人员又相对集中，平时也很少对这一方面进行防范，一旦发生了暴力事件，就可能殃及数人。同时，青年学生背负时代、社会的期望，被民众称为“天之骄子”，即便是现在，一些贫困地区或偏远山区，有哪家学子考入大学，在周围村民眼里也犹如中举，是光宗耀祖的大事。因此，一旦有青年学生暴力犯罪，他们头上这个“花环”就会掉下来，强烈的反差会引发无限的舆论，造成案件的扩大化，极易在社会上产生负面影响。二是手段极其残忍，报复性强。面对市场经济的影响，青年学生极易受到西方文化的浸染，“无私奉献”“踏踏实实做人”的道理早为不良习气所替代，形成了“天下唯我独尊”“人不为己，天诛地灭”的观点。他们看待问题、考虑问题多以自己为出发点，很少设身处地地替周围人考虑，一旦遇到问题，也总是从别人身上找原因，而不是思考自己有没有哪里没做好，缺乏理性的判断，常常感情用事，觉得丢了面子，咽不下这口气，等等。总是想寻求到机会报复，通常采取暴力解决问题，而且手段极其残忍。三是具有突发性，难以防范。青年学生都处于精力旺盛、易走极端的时期，在遇到某些特定事件时，容易由某些瞬间的情绪支配犯罪行为。

第三节 青年学生网络犯罪特性

《第 38 次中国互联网络发展状况统计报告》数据显示，截至 2016 年 6 月，我国网民规模已经达到 7.1 亿。互联网普及率达到了 51.7%，与 2015 年相比较提升了 1.4%。[①]

随着技术的发展，网络平台已经逐步融入人们的日常生活，网上能够愉快地购物、娱乐、交流。在作为 90 后、00 后的青年学生心中，网络的重要性早已深入骨髓，根据抽样结果统计，当前我国每 10 名青年学生中就有 7.2 名网民，如果以 2400 多万青年学生来进行

① 第 38 次中国互联网络发展状况统计报告［J］. 中国广播，2016（8）：10.

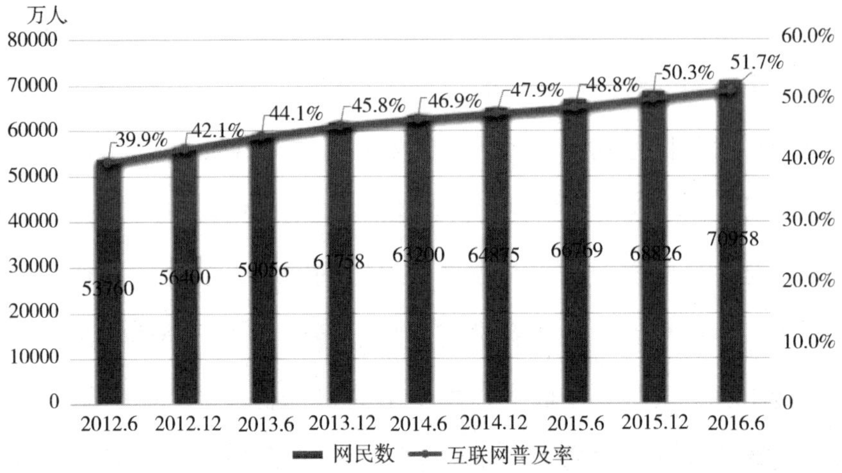

图 2.2 中国网民规模和互联网普及率

Fig 2.2 netizen quantity and internet penetration rate in China

统计，就有青年学生网民 1728 万左右。网络给人们带来了极大便利的同时，也给某些人带来了可乘之机，成为青年学生智能的犯罪工具，例如，通过网络平台制造病毒、实施网络盗窃、非法入侵网站、传播不实言论，等等。据有关统计，近年来，我国网络犯罪案件同往年相比，共计上升了 70%左右，其中犯罪者主要集中在 18 岁到 25 岁的青年学生中。面对不断的青年学生网络犯罪、智能犯罪，如何有效预防，俨然成为当今社会上关注的重要问题之一。

案例一：学生杨某，故意删除某数码信息科技有限公司的存储数据，造成武汉市外贸局、招商局、妇联等多家机构网站的瘫痪，经过 3 日的修复，网站才最终恢复正常运行，杨某被判处拘役 4 个月。杨某表示，他并不知道删除数据会造成自己犯罪，自己只是善意地提醒武汉某数码信息科技有限公司他们的系统存在漏洞。

案例二：湖北某高校青年学生王某做了一件他认为好玩的事情。他以网名“花花公主”，非法潜入某知名网站，将市领导的姓名改成了“傻子”和“王八蛋”，在社会上造成了极坏的影响。

案例三：黑龙江某大学高才生郭某，计算机专业，成绩优异，专业知识强。通过“灰鸽子”病毒，郭某远程监控到上海某网吧的网管孙某，从此两人成为知心朋友。郭某曾在孙某生活最为困难的时候，通过网络盗取了他人账户内一千元，帮助孙某解决了经济困难。某日，郭某在寝室里上网时，通过“灰鸽子”病毒远程发现北京张某的电脑，并远程控制了张某电脑。在张某上网操作网银时，知晓了张某的银行卡号、银行卡密码和银行卡电子证书。后来，郭某伙同孙某连夜将被害人张某银行卡内的48万元全部转往上海、广州、北京等多家出售游戏卡的公司，就这样，张某卡上的48万元一夜之间全部蒸发。张某查询自己银行卡账目的时候发现自己的钱早已不翼而飞，立即向公安机关报案。最终，郭某被判处有期徒刑12年，罚金1.2万元，孙某被判处有期徒刑8年，罚金8000元。

案例四：西南某大学电子商务专业学生郭某，掌握了某银行信用卡设置规律。他根据电子商城对某银行信用卡保护存在的漏洞，侵入服务器，窃取了银行IP地址，同时根据掌握的信息，复制了30多张银行信用卡，将14名受害者卡内的1.9万元现金进行了转移，购买了大量的游戏卡和手机充值卡。当律师询问他为什么要这样做的时候，他回答道：“当时只是想在朋友面前显示自己的电脑水平是最高的，希望得到朋友同学的认可和赞许，并不是为了获利和挣钱。”

通过这几个案例，我们不难发现，青年学生对新鲜事物拥有极强的热情，有着较强的好奇心和表现欲。但是，由于他们的身心还未完全成熟，对事物进行判断时还未考虑周全，极易受外界的刺激产生过激的行为，加之面对外界的压力不知如何宣泄，为了逃避现实，希望在网络世界里找到自我。在网络中，他们有了很多展示自我、实现价值的机会，为了得到朋友的认可，吸引众人的眼球，他们把制作电脑病毒、传播电脑病毒、远程控制他人电脑作为炫耀自己电脑才华的资本。同时，他们法治观念淡薄，不知道网络上哪些行为算守法哪些行为算违法，只是简单地觉得好玩、搞笑，如案例二里的王某更改市领导的名字等；还有的青年学生认为攻入别人的网站，只是为了给网站以善意的提醒，如案例一里的杨某。同时，犯罪感的虚无化也极易让青年学生犯罪得到心理上的“宽慰”。在网络世界中，青年学生面对的不是具有生命体征的人，而是面对电脑屏幕、电脑键盘和鼠标，他们实施的犯罪，仅仅是通过这些毫无生命体征的网络设备进行的，因为他们面对的不是活生生的生命个体，所以无论是网络盗窃还是攻陷服务器，实施犯罪的青年学生面前没有鲜活的、满腔愤怒的受害者，他们在实施犯罪后，心态上没有犯罪后的负罪感，极易从心理上得到开脱。

第四节 青年学生性犯罪特性

我国青年学生的年龄大都是在18~25岁之间，就生理因素而言，他们的性生理已基本发育成熟，性需求也较为强烈。但是，从客观方面分析，他们独立自主的人格又尚未完全成熟，不能理智对待这一问题，一旦性需求未得到满足，就会导致性成熟的不平衡，例如，强奸、轮奸、淫乱等。青年学生中还普遍存在浏览黄色网站、观看淫秽录像等现象。青年学生正是处于人的社会化过程中的关键时期，对社会上一些负面影响的辨别力和诱惑的抵制力极低，再加上当今社会上大众传媒和色情犯罪常常捆绑出售，淫秽书刊以及充满色情暴力的电视、网络游戏充斥着青年学生“无聊”的课余时间，使得他们常常误入歧途甚至走上犯罪的道路。据有关部门统计，2000年，上海市全年青年学生性犯罪人数占犯罪总数的8.5%。

案例一：小彭，22岁，男性，江苏人，考入武昌一所著名高校，成绩优异，唯一的缺点就是沉迷网络，天天上网乐此不疲，再加上自身控制力较低，他渐渐迷上了黄色网站并且深陷其中。某日，小彭在浏览了黄色网站后，他邀约同学丽丽（化名）到图书馆借书，在图书馆某个偏颇的角落，采取卡脖子、语言威胁等多种形式，强行与丽丽发生了性关系。事后，丽丽立即报案，小彭被判处强奸罪，判处有期徒刑3年。

案例二：2013年6月，王某在校园里闲逛，发现自习室里一名女生戴着耳机独自在上自习。他立马锁定目标，假装成学校工作人员去其他教室宣布，今天端午节自习室将提前关门，把上自习的同学全部清走。随后，来到女生所在的教室将门窗反锁，抢走了其手机。不仅如此，王某还对女生进行了猥亵强奸，因害怕女生反抗报警，他还拿出剪刀，对女生前胸后背连捅160多刀。

从这两起案例看，我们不难发现某些共同点，一是青年学生心智尚未成熟，自我约束能力较弱，极易产生性犯罪。二是娱乐场所等地方鱼龙混杂，更有甚者，个别商家为了谋取利益会默许或者纵容、组织卖淫、嫖娼、赌博等不法活动。青年学生混迹其中，容易结交素质不高的人，从而受其影响走上犯罪道路。

第三篇 03

“德”与“法”之历史借鉴

中国是当今世界上著名的法治文明古国，法律的历史渊源可以追溯到公元前3000年前后。“法制”一词在我国最早见于《礼记·月令》之中：“命有司修法制，缮囹圄，具桎梏，禁止奸，慎罪邪。”① 与此同时，在我国法律思想长期演变的历史过程中，强化道德教化这一理论，对中国传统法律思想的发展影响极其深远，也形成了独具民族特色的中国法律理论基础。

① 戴圣．礼记［M］．钱玄，徐克谦，等注译．湖南：岳麓书社，2011：226.

第一章 “德”与“法”基本内涵

这里的“德”，可以理解为社会基本道德。社会基本道德是作为一个社会民众普遍认同的是非观、价值观、善恶观，在现实生活中发挥着指导个人行为、判断是非曲直的功能，其最基本的要求是不害人，即在任何情况下都不允许以损害社会公众利益的方式来谋取自己个人的利益。西周初年周公（旦）就提出了“敬德保民”“德惟治，否德乱”的德治方略。由此可见，“德”在国家政治、经济、生活中占据极其重要的地位，“德”是西周时期政治生命的重要根基、重要基础。春秋时期，“德”已逐渐演变为民众处理行政事务乃至社会关系时必须遵循的合乎社会认可、民众认可，包含理性精神和人文精神的社会原则，“德”成为国家兴衰成败的根源。在这一基础上，孔子对“德”进行了解读，把“德”进一步深化发展为道德价值以及道德观念，不仅在治国理政策略上，注重“德”的内涵，同时在个人自我生活方式上重义轻利，甚至舍利求义。要求为政者成为道德的表率，对为民者实施道德教化。① 这里的“刑”，是借用中国古代的一种说法，泛指各种用国家强制力保证实施的规范。重庆大学陈忠林教授曾指出，“道德与法律之间的关系是一种魂与形的关系，即德魂法形”②。这一思想强调的是法的内容是社会道德要求的具体化，法的基本目的是维护社会基本道德，达到社会和谐的至善境界。在现代社会条件下，社会基本道德不应是为特殊的阶层、阶级所认同的道德，而应是社会民众长期所普遍认同的道德观及善恶标准，即广大民众用以指导自己的日常行为、判断社会基本是非的“常识、常理、常情”。将“常识、常理、常情”作为民众的基本行为标准，将法律视为国家意志的体现，实际上是现代条件下人民主权这一基本政治要求在社会治理领域中的基本体现。

中国古代经典《大学》开篇曾讲道：“大学之道，在明明德，在亲民，在止于至善。”③ 这里的“德”是指“道德”，“明德”则是指光明正大的高贵品德，即大家都知道的品德，也即“三常”理论。④“明明德”的第一个“明”字作为动词，是要把握的意思，要知道社会的基本道德是什么，要知道什么是“常识、常理、常情”。强调的是无论是个人，还是社会，乃至国家都应以“至善”作为目标，采取各式各样政治、经济、文化、法律等社会措施，让民众自觉认可、维护社会弘扬的是非曲直的判断标准。第二个“明”字的

① 杨伯峻．论语译注［M］．北京：中华书局，2006：12.
② 陈忠林．社会创新+法律变革“德主刑辅”构建互联网法治秩序［EB/OL］．浙江大学光华法学院官网，2018-05-08.
③ 张学博．德法合一：中国特色社会主义法治的历史传统［J］．岭南学刊，2017(5)：63-69.
④ 陈忠林．刑法散得集［M］．重庆：重庆大学出版社，2012：18.

意思是指要发扬光大，是用行动来明，要让自己内心来明，同时外界也要认可这种“明”。怎样来维护基本道德观念？就是大家都要去遵守它，在实践中落实它，违反“常识、常理、常情”的事情，违法社会道德规范的事情，我们就要用各种手段去制止它、防止它、纠正它。“在于亲民”是指要到老百姓当中去了解、去得到，到群众中去才能真正了解“常识、常理、常情”，以及什么是基本道德。执法者、当权者以及每个平常人都要明白：基本的德是什么？要求是什么？具体内容是什么？真正了解、明白、维护的方法是到老百姓当中去，要依靠民众的力量，要到群众当中去才能了解群众的真实想法：群众是怎么想的？基本道德标准是什么？要依靠老百姓的力量、群众的力量，才能把德的内容发扬光大，才能维护它 ，才能真正实践它，才能“止于至善”——把“常识、常理、常情”落实到具体行动中，落实到国家公权机关每个人心中。真正的境界是，每个人在每件事情上都做到这样，无论是小事还是大事，要把这种最基本的要求落实到每个行动中去，如后面的“修身、齐家、治国、平天下”，大家只要把每件事情都做好，真正的和谐社会就出现了。

第一节　周公提出之思想

“明德慎罚”最早出现于《尚书·康诰》，“克明德慎罚，不敢侮鳏寡，庸庸，祇祇，威威，显民”①，是西周初期的统治者法律思想的中心内容，是在总结了夏商王朝从兴旺到衰败的历史原因后，提出的独特的法律理念。周朝的统治者在敬畏民众力量的基础上，提出了“以德配天，明德慎罚”的主张。“以德配天”重点强调的是“德”，着力点是“人事”。周公在“以德配天”主张的基础上，将“敬德”“保民”作为核心内容，在德治上要“用康保民”，在法制上要求“敬明乃罚”。

“明德慎罚”这里的“明德”主要有下面几点内容。第一是要勤政，敬畏上天、明德慎罚、勤政爱民、善用贤才②，要求统治者亲政爱民、严于律己、勤于政事，这样才能使国运长久。第二是要惠民，统治者要谨慎为政，多制定老百姓满意的政策制度，即“康功田功，徽柔懿恭，怀保小民，惠鲜鳏寡”，不能对老百姓过度压榨。第三是要裕民，统治者正确对待民间疾苦，要明白产生民怨的根源是官员而不是老百姓本身。第四是要任贤。要让有德者掌握国家大权，这样社会才能安定团结、祥和安康。

“明德慎罚”中的“慎罚”，就是指要慎用刑罚。对民众的惩罚要刑当其罚，既不能乱罚无罪，又不能乱杀无辜，这是我国历史上最早出现的刑罚相称的思想。“明德慎罚”这里的“慎罚”主要包括以下几点内容。第一是要刑罚适中，对民众既不要太严厉，也不要太放纵。第二是要在法律适用过程中，区分哪些人员是惯犯，哪些

---

① 李宪堂．“天命”的寻证与“人道”的坚守：孔子天命观新解——兼论孔子思想体系的内在结构［J］．文史哲，2017（6）：129-138.

② 董琳利．简论“武王克商”的政治正当性问题［J］．中国人民大学学报，2012（5）：60-67.

人员是偶犯，严格地审案和断案，再根据具体情况给予相应的处罚，这是对古代法律思想的一个重大贡献。第三是要保证司法的独立，狱讼之事应由司法人员掌管，意识到行政与司法应有所界限，这样才可能做到司法公正。第四是要重视教化，使用刑罚并不单单是为了惩罚犯人，更重要的是告诫老百姓要与人为善。周公的“明德慎罚”思想，主张的实质是用德政来削弱民众反抗的意识，以此来维护周王朝的统治。

第二节 孔孟倡导之思想

孔子在周公“明德慎罚”思想的基础上，提出了“为政以德”的主张。《论语·为政》中记载“为政以德，譬如北辰，居其所而众星共之”①。他将统治者与民众的关系比喻成星星围绕着北极星，统治者要以“德”为政，而国内的民众要遵从统治者的统治。《论语》中有一段描述孔子与季康子关于治理政事的对话，孔子说：“统治者治理政事，只要统治者想行善，老百姓就会跟着效仿。”这段对话直接表明统治者的德风影响着其他人的行为，只要统治者的行为起到了表率作用，百姓自然效仿，天下必定昌盛太平。儒家非常重视道德教化作用，要求统治者要以身作则，这样才能形成良好的“上形而下效”的局面。

① 卫凤娇．浅析孔子的德治思想［J］．决策探索（下半月），2016（8）：77-78.

第三节 董仲舒主张之思想

董仲舒提出的思想，其核心是实行“礼义教化”，“前德而后刑”，主张教化的重要性，强调用“仁德”代替刑罚。主张“道”才能达到治理国家的目的，“仁”“义”“礼”“乐”都是治理国家的工具，君王的更迭、统治的长远是礼乐教化的功效。他曾把建立有效的礼仪教化比作河堤，认为只有这样才能很好地制止奸佞邪恶，如同河堤预防洪水一般，如果教化的防堤毁于一旦，再严苛的刑罚也很难奏效了。

董仲舒在强调“教化”的同时，也很重视“刑罚”的作用。①他认为礼仪教化不是惩治越制、犯罪的人，而是为了预防遏制犯罪行为的产生。在董仲舒看来，圣人是极少数的，“斗筲”则是指一些顽固不化的恶人，也是相当少数的。只有“中民之性”是绝大多数，这些人都具备“仁”和“贪”两种秉性，可善可不善，他们是实行教化的对象，决定着统治阶级的统治是否稳固。

第四节 “德”与“法”理念发扬

通过以上三个阶段的发展，“德”与“法”的治国理念逐渐确

① 万安中. 关于监狱史研究的若干问题［J］. 政法论坛，2004（2）：7.

立起来，并被后代君王继承和发展。首先，汉承秦制，汉朝继承和发展了秦王朝创立的皇帝制度，并进一步巩固了封建国家制度。与此同时，为了避免因为“轻罪重罚”“严刑峻法”导致阶级矛盾激化最终导致秦王朝的覆灭重演，汉代统治者汲取经验，在“德”与“法”思想的指导下，实施“轻刑薄罚”的政策，恢复生产、发展经济、缓和矛盾，使社会在一定时期得到了休养生息，并且夯实了统治。汉高祖刘邦鉴于汉朝初期因战乱民生凋敝的现状，曾颁布赦令，实施宽仁政策，使国力迅速得到恢复。文帝、景帝时期，采取“以德为主、以刑为辅”的治国策略，将肉刑改为笞刑、劳役刑以及徒刑，削弱封建刑罚的野蛮性，使中国古代刑法制度逐步由野蛮到文明，最终出现了封建社会第一个清明时期——文景之治。

唐太宗李世民也是中国历史上有名的明君。他亲眼看见大隋的兴亡的全过程。他注重靠仁义、道德来维持国家的长治久安，用道家的“简静”“无为”治理国家，讲求“明德慎罚”，以德化胜法禁。贞观年间，官吏清廉严谨，百姓丰衣足食，夜不闭户，道不拾遗。清朝康熙帝也深知德法并举的道理，崇尚“以教化为先”“尚德缓刑”的思想，通过教化来维护和巩固清朝政权，但他也深知，“教化”和“刑罚”是治国理政非常重要的手段。① 光凭教化也不能使所有百姓做到自觉遵守，还必须依靠法律加以震慑，他提出“讲法律，以儆愚顽”“黜异端，以崇正学”。换句话说，对于那些不服教化的“愚顽之人”，必须通过法律手段来强制执行，使其按照社会

① 施由明．清代江西乡绅与乡村社会治理［J］．中国农史，2015（2）：104-110.

规定来行事。在处理教化与刑法两者关系时，康熙主张通过恩威并施的方式，使百姓自觉遵守社会道德标准。康熙帝法律政策的实行，使清王朝走向鼎盛时期，为“康乾盛世”奠定了基础。

综上所论，在中国封建社会发展的历史长河中，出现的每一次盛世都与封建帝王能够根据当时的社会状态，因时制宜地处理好“德”与“法”的关系分不开。

第二章 “德”与“法”的探究

在儒家思想里，要想国家长治久安，真正的治理方式是崇尚道德的约束，这样国家才能兴旺发达，政权才能维持稳定。中国两千多年来，社会治理最为典型的特征是依靠道德教化。儒家法律思想在“礼”“义”“仁”“德”观念的指导下，注重“尚德不尚刑”的原则，经历了不断深化内容的过程。他们对道德与法律各自的特点，以及在社会生活中两者之间的关系进行了深入探析，其中重视个人道德修养、注重教化从而预防犯罪、主张慎用刑法、减少杀戮等积极的合理因素，使我们从中得到很多有益的启发。

第一节 强化道德、明德新民的公众要求

“修身、齐家、治国、平天下”是对“大学之道”的总体概括。这是儒家学说的精髓所在，是古圣先贤智慧的凝练与总结。“古之欲明明德于天下者，先治其国；欲治其国者，先齐其家；欲齐其家者，

先修其身；欲修其身者，先正其心；欲正其心者，先诚其意；欲诚其意者，先致其知，致知在格物。物格而后知至，知至而后意诚，意诚而后心正，心正而后身修，身修而后家齐，家齐而后国治，国治而后天下平。”（《大学》）由“个人、家、国、天下”，由“身修到家齐、国治、天下平”，这里包含着逻辑的递进关系，社会要想真正做到“大同”与“和顺”，民众就必须重视自身道德养成，由“明德”到“新民”，进而最终实现社会的“至善”。“修身”实际强调的是个人道德的养成、伦理道德的自我约束，只有在“修身”的基础上，才能经营好自己的小家庭，进而才能改善社会，治理国家，平定天下。在这种“连环扣”式的关系之中，“修身”是前提，是“平天下”的基础。儒家在“修身”的方法和途径方面也进行了阐述，如通过“改过、重微、重行、慎独、自省”等方式，通过自我审视、自我提炼、自我改造、自我完善等多种途径，使自身道德修养得以提高。道德修养的建立，是一种内化的自我约束、自我克制、自我审视的过程，使自己的行为被社会广泛认同，符合主流的价值观和道德观，同时内心不断地挣扎和抗争，“以正祛邪、以是克非、以善去恶”，最终达到自身思想素质及精神境界的日臻完善。

第二节　教化为先、道德教育的基本理念

儒家的思想，是以“德”为先决条件的，“先德后刑”想法的实施也必须以道德作为前提。中国伦理文化向来注重道德教化，所

谓道德教化，是指政府以及统治者，依照现行的道德标准和道德准则，对老百姓施以一系列道德养成的教育活动，使他们产生一种内在的约束动力。人的崇高德行不是与生俱来的，道德教化是否有效直接关系到人格的好坏，关系到人德行的高尚卑劣，也关系到良好社会风气的形成。所以，道德的先觉者要对民众施以道德影响，开展一系列的灌输教导，从而使社会道德原则，不断转化为个人遵循的自律准则，这正是道德教化的重要手段。

与此同时，儒家学派提出了许多有建设性意义的道德教化主张。例如，提出“有教无类”的观点，指出每个人都享有受平等教育的权利。同时，肯定了教师的地位和价值，将教师的地位与国家的繁荣昌盛联系在一起，“国将兴，必贵师而重傅；国将衰，必轻师而贱傅”，以尊师与贱师为标准，衡量国家政治生态的优劣，当“师”“傅”受到轻贱的时候，言路一定阻塞，政治必定昏庸。在教学方式上，主张因材施教、言传身教等。儒家将教化作为立政之本，他们设立了乡学、县学、太学等官学制度，通过用“礼”“义”“仁”“德”来教化百姓，树立起良好的道德风尚，使百姓自觉遵守法律法规。

第三节　刑罚适中、刑罪相称的刑法原则

从周公开始，儒家就逐渐认识到刑罚的目的是让老百姓自觉遵守法律法规，而不是单纯地起到惩戒的作用。治狱的目的也不仅仅

是“杀人立威”，而是起到“惩一儆百”的作用，从而达到预防犯罪的目的。“典狱非讫于威，惟讫于富”，典狱者更应当具备仁厚之心，去掌管威严之法。儒家提倡的是刑罚适中、罪刑相称，而不像秦王朝那样严刑峻法。周公指出对待牢狱之事必须认真，要刑当其罪，用刑既不要过重也不要太轻。“爱百姓故刑罚中，刑罚中故庶民安”，爱老百姓就不使用严刑峻法，只有采用和缓的刑罚才能使老百姓安居乐业。古代思想家荀子提出罪刑相称的主张，认为实施刑法的目的就是警诫社会上有犯罪可能性的“危险分子”，防止他们走向犯罪的歧途。要想实现刑罚预防和警诫的目的，就必须正确地运用刑罚，体现刑罚的威严。否则“杀人者不死，伤人者不刑”，刑罪不相称势必会影响社会的稳定。

第四节　德刑并举、相得益彰的制度设计

儒家主张“先德后刑”，认为进行道德教化可以对人心产生积极的影响，直接实施刑罚会产生消极的效果，所以更加重视德治，同时他们也深刻地认识到在社会生活中刑罚也有着不可替代的效力，有些问题光靠德治是不能完全解决的，当道德教化丧失作用的时候，只有付诸刑罚加以制止。只依靠政令来治理百姓，老百姓只求能免于犯罪，却没有礼义廉耻之心；但当用道德引导百姓，用礼制去同化他们时，老百姓就会有归服之心，表明了道德与刑罚各自不同的作用和意义。

道德可以促进法律的不断完善，法律可以促进道德的不断提高。在社会中，道德和法律的调节作用各不相同，两者具有互补性，道德调节的对象主要是非对抗性矛盾的社会关系和社会现象，然而对抗性矛盾的社会关系和社会现象还必须依靠法律来调节，道德追求的是“扬善”，法律追求的是“抑恶”，积极地扬善是为了有效地抑恶，有效地抑恶才能更好地扬善。道德与法律两者之间的关系是相互作用的，只有德刑并举，才能使公民的道德修养水平不断提高，社会文明的程度不断提升，才能有效地预防犯罪和惩罚犯罪。

第四篇 04

青年学生犯罪原因分析

要想构建起行之有效的预防青年学生犯罪的措施，必须研究出青年学生犯罪现象及其背后的原因。青年学生犯罪的原因有着多样性和特殊性，既有青年学生人格结构方面的问题，又有来自家庭、学校乃至社会层面等客观方面的因素。从“立德树人”的视角，以社会基本道德与法律的关系为轴线，笔者通过对青年学生犯罪主要原因的客观分析，试图找出客观规律性，为制定预防青年学生犯罪措施奠定坚实的基础。

第一章 自我道德约束的缺失：青年学生犯罪的人格原因

随着现代社会的飞速发展，社会的变革导致经济方面、道德标准乃至文化方面等发生了巨大的变革。宏观社会环境的变迁客观上影响着人们的生活、工作、学习，同时也影响着他们的生理和心理。青年学生作为构成社会的重要群体，其发展深受社会的影响，特别是其人格的发展与完善。已有研究表明，我国青年学生的生理特征、心理因素、价值结构等方面，随着社会变迁发生了不同程度的变化。因此，关注青年学生人格发展，培养青年学生健全人格显得尤为重要。在诸多人格理论中，有一些理论将人格划分为不同的层次以及不同的部分，这些理论都可称为人格结构理论，是人格心理学中研究人格结构的学说。人格结构理论认为，人格不是各种各样特性的单纯结合，而是以基本特性为中心的体系化的结构。

人格是什么？人格结构到底又是什么？这个问题已经被很多学者研究，下面简单回溯一下关于人格的几种主要理论。

第一种理论：人格特质理论①。人格特质理论指出人格是由多种特质构成的，特质是由人先天的心理结构构成的，它会使人对许多不同的刺激产生相同的反应。例如，在学习、生活以及打游戏的过程中，总有人喜欢命令和指挥他人，那么这个人身上就具备着“支配”的特质，这些特殊的物质汇聚在一起最终就像砖块一样拼成了人格的“大厦”。两个人是否谈得来，能否做朋友，很大程度上取决于他们有多少特质相同。还有学者在此基础上进一步细化，提出了“因素分析”理论②。这些理论的提出都是在此基础上，更为精确地拆分和拼接人格理论而已。人格特质理论归根结底是一种对人格过分简单化的理解。

第二种理论：行为主义和社会学习人格理论③。行为主义心理学家认为人格不是天生形成的。一个人会采取怎样的行为方式取决于这个人的生活经验，例如，一个人吃了西瓜拉肚子，以后他就懂得为了避免拉肚子尽量不吃西瓜。行为主义心理学家认为个人会随着外界环境自觉改变自己的状态，以适应环境需求。社会学习人格理论则认为人有其主观能动性，具备自觉学习适应环境的能力。换句话说，人能够根据外界需要自动调节，以适应生存需要。这些研究都过于简单、过于片面，只是简单地把人格看成一种行为方式的组合，看不到其中包含的内在结构。在后面研究人格的各种理论中，

① [美] 伯格. 人格心理学 [M]. 陈会昌，译. 北京：中国轻工业出版社，2004：17.
② 杨薛雯. “90后”与“80后”大学生人格特质比较研究 [D]. 上海：华东师范大学，2010：8.
③ 宋剑祥，何亚芸. 国外人格理论研究的主要流派述评 [J]. 昆明冶金高等专科学校学报，2013 (4)：49-56.

我们能够发现人格是有结构的，而且各个部分也是有机联系在一起的，不能简单地将人格定义为一种行为方式。

第三种理论：人格自我理论①。这个理论是由心理学家罗杰斯提出的，强调的是人本主义，该理论指出，在环境这一背景下，个体会根据情况产生不同的经验教训，在经过"符号化"处理之后，人们才能意识到经验，这里的"符号化"过程可以通过词和表象进行，被意识到的各种经验最终构成了"现象场"，所谓自我就是在"现象场"中和个体自身明显有关的内容。例如，胆子大、好运动、能力强等组合起来就形成了自我。

如果一个人在成长过程中，逐渐意识到自己只有不断做好事才能得到父母的认可和称赞，做坏事则会被指责甚至惩罚，这样他就会主动把这种外界评价固化到内心深处，从而用道德标准去规范自己的行为，形成良心。同时，将一些不良想法自觉屏蔽掉，造成自我概念的失真。罗杰斯认为人本质上都是善良的，与其他生命一样，都是不断成长、生存的。这种理论也有其片面性，它对人格结构的关注不足。

第四种理论：精神分析人格理论②。精神分析创始人弗洛伊德提出精神分析人格理论，将人格划分成为三部分，分别是本我、自我和超我三部分。本我遵循追求快乐的原则，为了追求快乐不断满足基本的生理需求，而且本我在个人的一生中持续存在并且是恒定

① 程萍，葛明贵．心理治疗视域中自我认识的嬗变与启迪［J］．医学与哲学，2018（7）：49-52.

② 皮菁燕．从精神分析的视角看罪犯自杀与犯罪类型的关系［J］．犯罪与改造研究，2018（3）：53-56.

不变的。位于人格的中层是自我，自我源于接收外部信号，并将其转化为个人经验存储起来。自我能够帮助本我处理问题，它能够了解本我和外界之间的关系，并且决定哪些必须马上满足、哪些能够延迟满足。它遵循的是现实原则，其目的是让本我更为长远地看到能够获取的快乐。例如，一个人看到路上有很多钱，企图占为己有，但是这些钱很显然不是他的，而占有的后果则是他将为此付出更大的代价。因此，他必须通过自我压制本我，使自己的行为回到道德认可的层面上去。超我作为最上层，是从本我中分化出来的，是后天养成的行为规范。例如，超我认为“冲动是魔鬼”，那么就会通过意志压制冲动的产生。这三部分经常会因为目的不同而发生激烈冲突，而这些冲突也是导致心理症状的原因。近年来，发展较为迅速的精神分析自体心理学学派及客体关系学派，虽然在人格研究方面又有了一些新的想法，但是在总体层面依旧没能超出以往精神分析的范围。因此，弗洛伊德的精神分析人格理论，是最优秀的理论之一。

第五种理论：罗萨克、莱西的人格分层理论。德国心理学家罗萨克在弗洛伊德精神分析人格理论的基础上，认为生命层即人的基本生命力；植物层即人的交感、副交感神经这类植物性调节机能；人格层即人清醒的意识；自我层则是人最为理性的调节机能，它对人格的各个层面起着掌控作用。德国心理学家莱西将人格划分为两部分，一部分为基础层，包括人的生命力、人的基本需要、人的情绪和知觉等；另一部分为上层结构，包括人的思维方式、人的意志力、人的自我意识等。罗萨克、莱西的人格分层理论将人格更为细化，使之层次更为丰富，人格理论的划分不论是分几层，重点都在于各层次之间的联系和区别，在于怎样才能将分界线划分得更为准确、更为标准。

下面我们用弗洛伊德的精神分析人格理论，将青年学生个体的内在原因划分为本我、自我和超我三部分进行阐述。

第一节　犯罪青年学生人格结构问题——本我

青年学生犯罪的生理因素主要包括当代青年学生个体生理的特殊性，性别、年龄因素，神经类型以及其他异常的生理因素等。

一是当代青年学生个体生理的特殊性。当代青年学生是家庭、社会投入了极多资源来培养的一代。他们这一代就个人发展而言，与其他年代的青年学生相比，有更多的物质保障和精神保障，因此发展相对较快。如身材与以往相比更为强壮；营养与以往相比更为丰富；智力水平、反应力与以往相比有所提高；接受新事物的能力与以往相比更为迅速；知识面与以往相比更为广阔等。过去的家庭多为多子女的情况，试问：两三个子女在培养过程中，父母爱心的倾注、营养的供给、医疗的保障、物质的供应怎能与当前独生子女相比？因此，当代青年学生生理呈现出与以往青年学生不同的特征，由于营养得以保障，他们的身材更为高大，行动能力、理解能力明显增强，对周围事物的理解和获取信息的能力，大大超过以前各代，对新事物的认识及接受更为迅速。同样，社会环境、家庭环境的优势也造成了他们某些方面的短板，如父母过于重视独生子女的培养，使他们养成唯我独尊的个性；没有兄弟姐妹，使他们缺乏手足之间相互扶持、共同进步的环境；技能型的知识掌握得比较好，而社会型的知识却相对较弱；行动能力较强，行为控制能力较弱等。因此，这些弊端会让青年学生产生认知的缺陷，从而陷入犯罪的深渊。

二是性别、年龄因素。单从性别来看，男性历来是主要的犯罪主体，古今中外莫不如此，犯罪被称为“男性的工作”，男女犯罪之比为 10：1 或者 5：1。① 由于生理因素和心理因素较女性相比有所不同，加之男性具备更广阔的运动范围，因此，男性在犯罪中一直占据主导地位。男性青年学生犯罪人数明显要高于女性青年学生犯罪的人数，而且在犯罪手段以及对社会的危害程度上有着显著差别。但是，最近几年女性犯罪数量有所上升。根据各国的统计数据，从年龄方面来看，犯罪率最高的是 14 岁至 25 岁，青年学生年少冲动、精力充沛、体力旺盛、自我意识日趋完善，然而心智正处于定型时期，还未完全成熟，辨别是非的能力尚有欠缺，遇到事情不能够冷静处理，情绪情感不稳定、易冲动且自控力弱。

三是神经类型。巴甫洛夫根据神经过程的基本特性——强度、灵活性、平衡性，把人的高级神经活动类型分为活泼型、安静型、兴奋型和抑制型四类，并指出高级神经活动类型是每个人心理活动出现差异的重要根据。研究人员对兴奋型的犯罪青年学生和在校青年学生进行了心理特征的调查。②

---

① 魏平雄．犯罪学［M］．北京：中国政法大学出版社，1997：184.

② 郑芸珍．神经活动类型与青少年犯罪［J］．法学杂志，1982（2）：41-44.

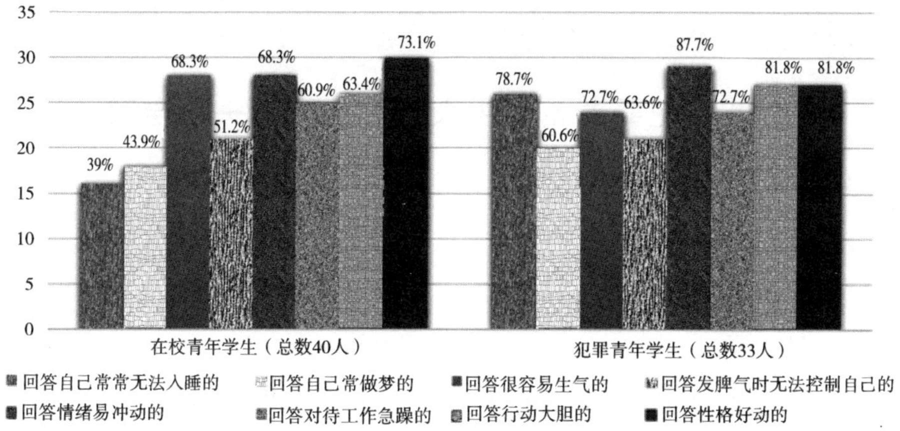

图 4.1　违法犯罪青年学生与在校青年学生心理特征统计表

Fig 4.1　mental character statistics of law-breaching youth and on-campus youth

研究结果表明，犯罪青年学生的兴奋性明显高于在校青年学生。在控制和抑制兴奋方面，犯罪青年学生比在校青年学生表现得更加不平衡。例如，他们常常无法入睡、常做梦等。兴奋型的消极因素在犯罪青年学生身上表现得更为淋漓尽致，当这些消极因素得不到克服甚至恶性膨胀时，他们便会脾气暴燥、鲁莽，常因无法控制自己的冲动，做出违法犯罪的行为。

四是其他异常的生理因素。一些学者研究发现，一些异常的生理因素也是造成青年学生犯罪异常心理的主要原因。例如，物质代谢方面的异常，血液中缺糖会使人坐立不安甚至惊恐等；血液中缺钾会使人情绪不稳定、脾气变差、行为不友好甚至攻击性增强。在这种情况下，再加上受到外界的不良影响，青年学生很有可能失去理智，做出一些不法行为。

第二节 犯罪青年学生人格结构问题——自我

一、主体面临的心理危机

一项全国22个省区市青年学生心理健康的调查数据显示，青年学生有心理障碍者占16%~25.4%，其中有严重心理问题如焦虑不安、精神恐惧、神经衰弱以及抑郁情绪等问题的青年学生占16%以上，而且未来几年还存在上升的趋势。① 其中，只有不足15%的青年学生心理疾病患者得到了及时的治疗。② 在校青年学生的年龄普遍都是在18~25岁，正处于身心发展的重要时期——心理不断趋于成熟的阶段。这一时期的青年学生，面临着社会的压力、父母的期望、学业和就业的平衡、现实与理想的差距，他们即将投入社会像他们父辈一样打拼，面临着各式各样的矛盾和冲突，迎接着人生不得不面临的挫折和失败，他们的物资需求、精神需求可能得不到满足，价值观也会因为周围的环境因素摇摆不定，涉世不深的他们会因小事豪情万丈或是悲观丧气。如果这些问题得不到解决，势必会产生心理问题，形成心理障碍，最终导致行为的异常。造成青年学生心理危机的原因主要表现在以下三个方面上。

---

① 李儒彬，闫映红．检察机关预防和处理大学生刑事犯罪问题研究［J］．大庆社会科学，2010（12）：123-125.

② 周保强．大学生犯罪心理分析及预防［J］．犯罪研究，2008（3）：69-73.

一是来自竞争的压力。大学是一个多元的社会，不再一味比拼学习成绩，更看重个人的艺术、修养、社会交际能力等综合素质，然而有些青年学生却发现自己一技之长。还有一些青年学生在进入大学后，良好的自我感觉逐渐消失，随着竞争的加剧，不少青年学生苦读多年，成绩优异，证书齐备，却依然找不到一份合适的工作。正是在这样残酷的竞争中，不少青年学生败下阵来，他们的自我预期难以达到，备感前途渺茫，长期处于意志消沉、情绪焦虑的状态，这种情绪如果长期得不到释放和宣泄，一旦遭遇外界刺激，就极易引发犯罪。

二是人际交往困难。青年学生正处于渴望交往、渴望理解的心理发展时期。并不是每一个青年学生都善于处理人际关系，再加上缺乏交际技巧以及生活、家庭等诸多因素的差异，有相当数量的人会面临人际交往困难的问题。曾有学者就此做过一项数据调查，很多青年学生反映人际交往中缺少关系亲密的朋友，没有可以说知心话的人；有的青年学生性格内向、自我封闭，生怕自己出错会惹人笑语；有的同学性格直爽火暴，不懂得与人和谐相处，当与他人发生矛盾和冲突时，不懂得如何化解；有的青年学生以自我为中心，从不考虑周围人的感受，凡事只顾及自己的利益，因此在交往过程中常受他人排挤。人际交往一旦长期遭遇不顺，青年学生便会自我否定，陷入无限苦闷和泄气中，最终导致过激行为的产生。

三是情感问题。青年学生处在青春期，他们背井离乡、远离父母，精神上的空虚、寂寞迫使他们渴望与异性交朋友，希望寻求心理上的支持和感情上的慰藉。他们中的一些人敏感、多疑，生怕不能与心仪的人匹配，但是由于缺乏处理恋爱问题的能力，他们很容易为情所困，于是一些爱情的“附加品”——负面情绪就会产生，紧张、焦虑、偏执乃至愤怒，这些负面情绪长期积累得不到疏导，很容易诱发犯罪。有的青年学生遇到心仪的对象在表露心迹遭婉拒后，便会变得极度自卑；有的青年学生遭遇失恋打击后，情感上放不下，难以从失恋中抽出身来，常常回忆过往，正常的学习、生活严重受到影响，失落感、挫败感以及难以接受的负面情绪达到顶点，极易产生报复行为。

二、主体心理素质

对青年学生犯罪案件进行梳理不难发现，很多青年学生犯罪都是激情犯罪，这些青年学生都是在冲动的情况下，一时兴起导致毁物、伤人、杀人等暴力行为发生的。激情犯罪是在短时间内，个人遇到突然出现的意外事件、对立意向冲突以及生物学、社会学方面的刺激，当面临这些突发问题时，个人会始料不及地爆发强烈的情绪波动，如愤怒、惊恐、悲愤、绝望、抑郁等，在这些情绪的作用下，青年学生情绪智力相对较低，很容易丧失理智，失去自我控制力，最终导致悲剧的发生。① 情绪智力又被称为情绪商数，是相对于智力的理论提出的，用于判断、分析人们的情绪智力活动水平。针对青年学生应当采取必要的情绪教育，这样有助于提高青年学生的情绪管理能力，能够使青年学生在面临困难时，懂得自我疏导情

---

① 吴丽珠．论激情犯罪心理与心理预防［J］．经济研究导刊，2010（23）：224-225.

绪、控制情绪、宣泄情绪以及均衡情绪。这些都能帮助青年学生人格健康发展，有助于使青年学生身心更加健康，是情绪教育最为基本的条件，其他情绪如更成熟、高级、社会化则是在此基础上进一步深化和提高。

一是情绪主导能力偏弱。情绪主导能力是指某一种或几种情绪在个人情绪经验储备过程中，占有一定的支配优势，并对个人情绪起主导作用。研究发现，正确的教育引导、健康的成长环境能够帮助青年学生形成正确的主导情绪。如果青年学生长期生活在快乐的环境氛围里，那么他的主导情绪就是乐观积极的，能够帮助他阳光地看待周围的事物；如果青年学生长期生活在压抑的环境氛围中，那么他的主导情绪就是悲观负面的，看待周围的事物时普遍戴着"有色眼镜"。一个人在成长过程中，如果一种情绪长期处于主导地位的话，必定会影响其性情的走向。而良好的性情决定着这个人健全的人格以及社会的适应力。一个性情温和的人，容易和他人做朋友，当遭遇困难和挫折时，能够积极地寻求解决方案。因此，对于青年学生应当在正面情绪方面加大引导，积极培育鼓励他们，帮助他们建立起良好的主导情绪。

二是情绪均衡能力失衡。情绪均衡在个体情绪生活中起着至关重要的作用，标志着正面情绪与负面情绪在情绪中所占的比重均衡，而不是一种所占比重特别多，倘若负面情绪所占比重特别多，那么就会导致人悲观、失落、抑郁，不利于青年学生健康地学习生活。然而在现实生活中，青年学生不得不面对形形色色的各类问题。因此，少量不愉快的情绪有着警觉提示的功能。如，紧张害怕的情绪能够促使人小心谨慎，焦虑压抑的情绪能够促使人警觉专注。青年学生要懂得控制自我情绪，要逐渐掌握情绪均衡的能力，这样才能使自己的正面情绪远远大于负面情绪，时刻保持一颗积极向上的心。

三是情绪控制能力不强。情绪的控制是指个体对自身情绪状态的掌控能力，情绪控制的核心就是准确地控制住情绪，妥善管理好不良情绪。与其他行为相比较，情绪是最难控制的，如果只注重内向方面的抑制，很容易造成自身情绪的压抑和痛苦；只注重外向方面的抑制，容易造成对外部环境的损害如社会暴力。因此，青年学生应当懂得加强自我情绪的控制力，一方面要懂得疏导自己的情绪；另一方面要懂得抑制自己的不良情绪，只有这样做，才能既符合社会道德的评判标准，又有利于自身的身心健康。情绪控制的方法还必须从以下层面入手，当产生不良情绪的时候，要看能否接受事实，反应是否适度，有没有过分夸大的成分，是否采取合理和间接手段适当地宣泄。

四是情绪宣泄能力偏弱。情绪宣泄弱是指情绪宣泄能力欠缺，情绪难以回归平静。当情绪能量积蓄过多，得不到适当宣泄时，会造成个人心理长期处于紧绷的状态，如果时间过长或是强度过高，一直得不到缓解很有可能导致身体上的病变。青年学生在自己过于悲伤或是过于高兴时，应当适当宣泄自己的情绪，还可以通过体育运动等转移自己的注意力。

第三节 犯罪青年学生人格结构问题——超我

一个人的意识因素通常决定着一个人的行为，好的意识会支配好的行为。意识是由道德观念、价值观念、法制观念等诸多因素构成的。青年学生走上犯罪的歧途多是因为他们的意识产生了错误。

一是缺乏理想信仰。犯罪青年学生普遍存在以自我为中心、意志品质相对较弱的共性。由于长期受到西方思潮的影响，青年学生的政治信仰与以往相比更趋于多元化，他们的政治理念、政治思想都带有他们自己的见解和看法，功利主义和利己主义较强。一部分成绩好的学生“两耳不闻窗外事”，还有一部分成绩差的学生则是“痴迷于网络游戏的打怪升级”，没有精力关注高尚的信仰问题，不少青年学生对马列主义科学性的认知只停留在课本上，根本没有深究这一问题，大量的时间精力浪费在网络游戏、追剧交友、网络购物上。不少青年学生认为读大学的目的就是找一个好工作，思想政治素质高低本来就很难界定，难以和实用技术的学习相匹敌，因此，精力都用于外语、计算机以及专业课程的学习上。正因为缺乏坚定的理想信仰，青年学生在遭遇挫折时，便会轻言放弃，进而毫无斗志、精神颓废，最终出现行为的偏差。

二是价值观的偏差。现在的青年学生都是在“互联网+”背景下成长起来的新一代，网络渗透到他们生活的方方面面，他们获取的信息来源于网络，他们在网络上聊天交友、购物、玩游戏、学习等。然而，网络上海量的、真假难辨的信息也在客观上影响着他们的“三观”，使他们的自我意识发生了很大的变化。笔者曾询问过自己班级的学生：“一个人成功的标志到底是什么?”有60%的学生回答是事业的成功，而鉴定事业是否成功的标准就是财富的累积量。部分青年学生已经将对金钱的追求看成了鉴定人成功与否的标准，他们开始迷信“金钱是万能的”这一理念，崇尚舒适安逸、不劳而获的生活，同学之间相互攀比，把“穿名牌，用品牌”当成一种生活态度。

三是道德的缺失。道德是人们共同认定的一种行为准则，是人们对善与恶、公平与偏私、诚实与虚伪进行评判的标准。青年学生由于心智还不成熟，容易受到不良思想的影响，他们的道德观也可能随之发生扭曲。如：认为奉献太“傻”，现在什么都讲求等价交换；追求利益最大化，讲求实惠，认为个人的利益远远高于集体的利益，甚至为个人利益不惜损坏集体的利益；不再尊崇中华民族的传统美德，而是津津乐道于追求物质享受，讲求吃好、穿好、用好；希望走捷径，希望快速成功，“英雄不问出处，只要成功就好”；追求物质收益，将是否有钱作为衡量个人能力以及水平的标尺，在日常生活中一部分青年学生自私自利、损人利己，不惜为了金钱铤而走险。

四是法律意识淡薄。法律意识是人们对现行法律以及某种法律现象的理解、认知和心理反应等的总称。① 由于当今部分青年学生法律意识较为淡薄，思想还未趋于成熟，世界观、人生观、价值观

① 陈艳．如何培养中职学生法律意识［J］．学周刊，2014（19）：42-43.

都还处于逐渐完善时期，因此易产生一些错误的法律认识、法律观点，甚至认为法律离现实生活太遥远。正是由于缺乏法律意识，一些青年学生在实施犯罪行为时，并未认清自己行为的后果；对一些越界行为心存侥幸，认为自己技术手段高超，可以不被发现，逃脱责任追究；还有的学生在自己权益受到损害时，意气用事、采用暴力解决问题；有的青年学生甚至混淆了“罪”与“非罪”的范畴和概念，判断不了自己的行为是否犯罪。曾有一位青年学生在做笔录时回答道：“我已经把笔记本电脑还给人家了，这不算违法。”殊不知自己的行为已经触犯了法律，构成了犯罪。其实，对于青年学生的一般越轨行为，如果家庭、学校、社会能及时发现并予以纠正、正确疏导的话，是可以改正过来的。[①] 但是由于一般越轨行为的危害性不大，往往不能被及时发现，人们容易忽视这种行为的危害性，使青年学生从实施一般越轨行为逐渐过渡到产生违法行为，再演变为最后的犯罪行为。因此，“防微杜渐”，预防青年学生的一般越轨行为，是预防青年学生犯罪的基础。

---

① 徐祥运，刘杰. 社会学概论（第 4 版）［M］. 大连：东北财经大学出版社，2015：276.

第二章　家庭道德传授的不当：青年学生犯罪的家庭原因

曾有一位犯罪心理学专家说过，如果将人拟为产品的话，那么他既是社会、教育的产品，又是家庭的产品。赵中心教授认为中国家庭正在经历巨大的改变，其一，家庭结构多样化，如单亲、重组、留守、空巢、“丁克”、跨国等；其二，独生子女独立解决问题能力弱；其三，隔代教育问题凸显；其四，单亲家庭剧增。[①] 青年学生犯罪往往有一部分原因来自这种原生家庭环境，原生家庭带来的问题会宿命般缓慢凸显并伴随家庭成员一生。

第一节　家庭经济地位不高与青年学生犯罪

社会经济地位是指个人的教育程度和从事职业的背景，以及家

① 中国预防青少年犯罪研究会．预防青少年违法犯罪文集［M］．北京：法律出版社，2013：79-90.

庭收入在社会上的评判标准。不同的家庭社会经济地位常常会使一个家庭及其成员获得的社会资源产生差异。贫穷的概念会因为诸多因素（如经济、文化、认知、社会等）而不同。[①] 学者在考察家庭社会经济地位时要采用大量不同的指标，通常是通过家庭收入、父母从事的职业和父母受教育的水平来分析判断，在众多家庭原因中，导致大学生发展出现个体差异主要是家庭社会经济地位的不同。心理学家也通过研究发现，家庭条件极度贫困的大学生，更容易因为心理不平衡而产生心理问题和行为失当。犯罪学家也曾研究过家庭经济环境较差与犯罪的关系，李斯特指出，在分析犯罪的社会因素与个人因素的时候，主要因素是社会因素，它包括家庭经济收入低、居住条件恶劣、失业率高等诸多因素，对人的行为起重要影响作用，他特别强调贫困是滋生犯罪的最大原因，也是遗传素质进行质变的"培养液"。[②] 心理学家本·尼克（Bannink）等人认为处于青春期的低收入家庭子女更容易出现心理问题。[③] 犯罪学家安顿（Anton）等人研究发现，低收入家庭的子女比高收入家庭子女更容易出现早期行为障碍。心理学家庞奈（Ponnet）等通过调查低、中、高收入的家庭，发现家庭经济压力过大会导致夫妻冲突、抑郁症状以及子女

① ［美］戴维·波普诺．社会学（第十版）［M］．李强，译．北京：中国人民大学出版社，1999：275.

② 张小虎．论观念碎片弥散与犯罪反常［J］．法学杂志，2016（10）：44-55.

③ BANNINK R，PEARCE A，HOPE S. Family Income and Young Adolescents' Perceived Social Position：associations with Self-esteem and Life Satisfaction in the UK Millennium Cohort Study［J］. *Archives of Disease in Childhood*，2016，23（3）：184-204.

问题行为的产生。① 有学者对我国青年学生激情犯罪数据进行了调查分析，发现经济生活状况贫困的青年学生，很容易一时兴起，为了谋取钱财，进行诸如盗窃、抢劫的侵犯财产性犯罪。

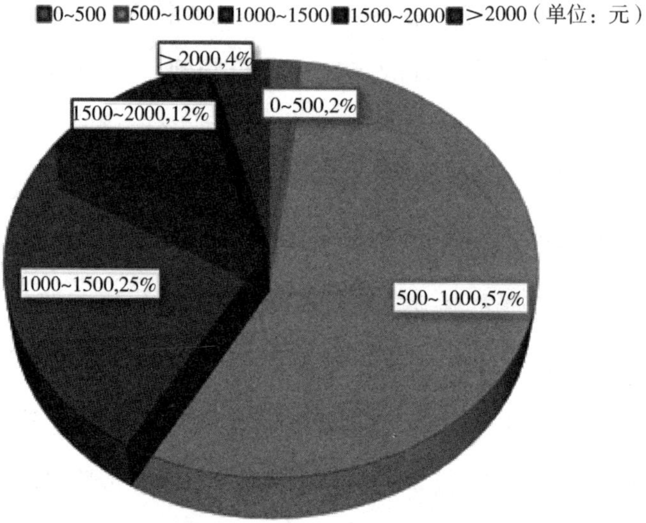

图 4.2　在校青年学生平均每月生活费支出情况

Fig 4.2　monthly expenditure of university students

由图 4.2 可以看出，在校青年学生每月生活费支出在 500~1000 元的，占了被调查人数的 57%；每月生活费支出在 1000~1500 元的，占了被调查人数的 25%；生活费支出 500~1500 元的这部分人构成了青年学生消费群体中的主体。在校青年学生大多对其生活费还是比较满意的。麦可思研究院曾对中国青年学生消费状况进行了

① PONNET K. Financial Stress, Parent Functioning and Adolescent Problem Behavior: An actor-partner Interdependence Approach to Family Stress Processes in Low-, Middle-, and High-income Families [J]. *Journal of Youth and Adolescence*, 2014, 43 (10): 1752-1769.

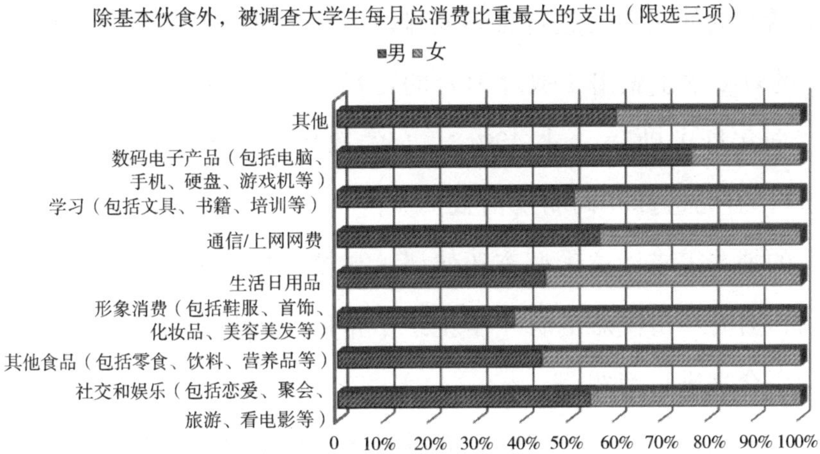

图 4.3　2017 年中国青年学生消费行为的调查报告

Fig 4.3　consumption behavior investigation of Chinese university students in 2017

调查，数据显示在校青年学生平均每月开销为 1212 元，还不包括学费、交通费。青年学生的生活费具体是怎么支出的呢？调查发现，被调查的男学生选择的主要消费内容依次是社交、娱乐和形象消费。被调查的女学生选择的消费内容最高的则是在形象消费方面。男学生与女学生比较，男学生将生活费中的 31%用在通信费和上网网费上，将生活费的 16%用在购买数码电子产品上，这两项开支比例分别比女学生高出 7%和 11%。但是，在形象消费上，女学生开支的比例比男学生高出了 24%。

针对"青年学生的生活费够花吗"这个问题，调查数据显示，41%的青年学生表示生活费能够满足日常需要，还有所结余；30%的青年学生认为生活费不够花。报告分析其原因，认为一方面是生活费不足；另一方面是缺乏使用计划。调查表明，40%的青年学生对生活费的使用不会进行合理安排。当生活费无法满足开支时，有43%的青年学生做出了放弃消费的选择，而其余的青年学生有的选择“向父母求助”（占40%）、有的选择“先消费后付款”（占20%）、有的选择“向朋友借钱”（占15%），用这些方式继续满足自身的消费需求。这份调查还建议，高校要更多地关心青年学生的生活，对有经济困难的青年学生给予帮助，同时加强教育，引导青年学生合理进行消费。

处于低社会经济地位的家庭对青年学生的健康成长有着不可忽视的影响。首先，家庭主要成员对子女的影响。因为社会生活中所处的地位不同，对子女的影响也存在着明显的差异，一些低社会经济地位家庭中的青年学生，容易产生嫉妒、自卑甚至仇富的心理。也有些青年学生因为不能全面正确地看待家庭在社会经济中所处的地位，不能正确理解家庭在物质、经济方面存在的差距，再加上对社会价值观存在的误解，怀揣着各类仇恨和报复心理，为了获得自己家庭无法给予的物质财富铤而走险。由于父母自身受教育程度较低，在教育子女方面往往表现得眼界比较窄。有的家长对子女的成长发育期的规律了解不够，对子女在少年时期所出现的不良特征粗心大意，没有采取一些正当的教育方法去及时纠正子女的不良习惯和问题，放任这些问题继续发展下去，非常容易使子女走上歧途。还有的家庭长期不重视家庭教育，由于他们自身的工作条件普遍不佳，长期挣扎在贫困线上，这使得他们对子女教育投入的时间和精力较少，对子女健康成长要求甚少。正因为长期处于这种不良的家庭教育环境中，青年学生遇到学业困难就容易产生严重的厌学情绪，有的甚至出现人格缺陷，这为他们今后走上社会埋下了巨大的隐患。

其次，“贫穷”一词在社会上长期被人们歧视和误解，人们多认为是懒惰、不思进取等因素造成了贫困，而“富有”则体现出一个人人品的优秀和事业的成功，简单地将一个富有的人等同于一个成功的人。正是这些歧视和误解直接影响到了贫困家庭青年学生的心理健康，他们会长期处于心理上的落差和不平衡，认为：凭什么我会在这样一个贫困家庭里？凭什么我这样努力还是没有别人过得好？再加上青年学生都处于青少年期这个“个性冲撞”的年龄阶段，容易产生蔑视社会甚至敌视社会心理。当实现个人梦想遇到非常明显的障碍时，个体就会去寻找无法实现愿望的现实原因，常常将原因归于社会的不平等，进而产生报复心理。当前青年学生都渴望大众对自己的认同，热衷于广泛的同学交流，追求真挚的友谊，渴望纯真的爱情，希望在大学期间过上丰富多彩的校园生活。贫困青年学生却越来越发现“家贫出才子”的观念在当今社会中越来越行不通，自己不管怎么努力，也难以拥有那些家境优越的同学不费吹灰之力就能拥有的社会关系，他们“穿名牌”“进饭馆”，在校园中“风光一时”。相比之下贫困生就相形见绌，进而在心理上产生严重的挫败感和失衡感。

通过统计表的情况，我们不难发现，犯罪青年学生每月生活费支出在 1500~2000 元的占总人数的 27%，每月生活费支出在 2000~2500 元的占总人数的 25%，每月生活费支出多于 2500 元的占总人数的 24%，由此可见，很多青年学生是为了满足自身不断增长的“消费需求”而走上犯罪道路的。

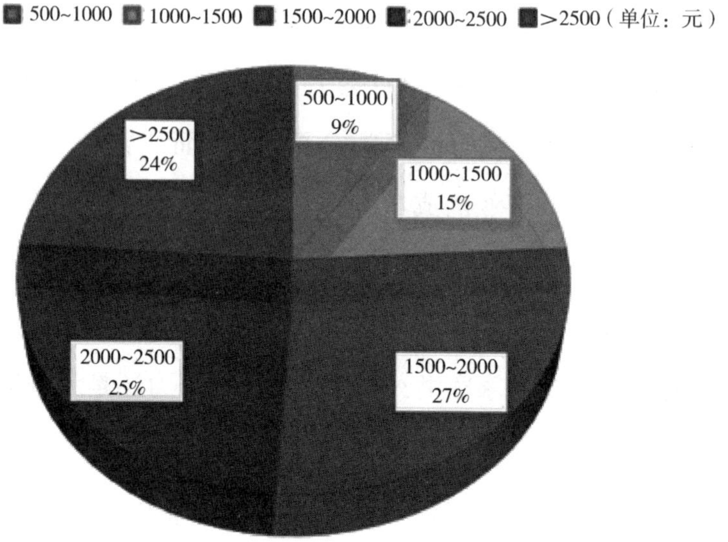

图 4.4 犯罪青年学生在校期间，平均每月生活费支出情况

Fig 4.4 monthly expenditure of law - breaching university students when on-campus

不同地区的青年学生每月的生活费不尽相同，在海南某高校有的青年学生每月开支高达 4000 元。青年学生过高消费极易导致享乐主义蔓延，而奢靡之风是青年学生犯罪的重要因素之一。在这种享乐主义、奢靡之风的驱使下，青年学生会向家庭伸手，获取资金来满足日益增长的“消费需求”，一旦消费欲望难以满足，贫困青年学生何去何从？这会使他们的道德天平失衡，从而走上盗窃、抢劫等不归路。而且，当前我国崇尚节俭的传统价值观逐渐在消亡，以前那种“新三年旧三年，缝缝补补又三年”的节俭观念早已过时。社会上出现的“适度消费”逐渐取代了传统的勤俭节约，然而对于心智还未完全成熟的青年学生而言，这个尺度是难以把握、难以界定的，他们难以从“活在当下、善待自己”等诸多观点中抽身出来，难以将享乐主义、奢靡之风从“适度消费”的生活态度中剥离出来，使得他们的社会认同产生混乱，进而走向犯罪。

第二节 家庭结构缺陷与青年学生犯罪

曾有研究表明，生活在家庭结构有明显缺陷的家庭如父母离异的单亲家庭、父母关系不和谐的家庭中的孩子，青少年犯罪的概率往往高于正常家庭的孩子。斯坦伯格（Steinberg）强调，在过去半个多世纪里，美国家庭经历了一场变革，存在离婚单亲家庭、再婚重组家庭、婚外生育家庭、移民家庭、贫困家庭等多种家庭形式，这些家庭形式给青年成长带来了巨大的改变。① 麦克（Mack）等人指出家庭结构和家庭关系过程直接或间接影响青年的行为。劳克·卡南（Lauk Kanen）表示“危险边缘”的家庭会诱发青年抑郁。美国犯罪学家格卢克夫妇曾做了调查研究，发现在500名少年犯中，有60%的人生活在单亲家庭中，经历过家庭的破裂。② 我国青少年犯罪研究会也曾对2000多名违法犯罪的青年进行过调查研究，数据显示，在这些违法犯罪青年中，父母感情不和导致离异、父母各自重新组成家庭、双亲不全的占全部调查人员的24.1%。由此可见，

① [美] 劳伦斯·斯坦伯格．青少年心理学［M］．北京：机械工业出版社，2015：77-100.

② 向甜．大学生激情犯罪原因初探［J］．法制与经济（中旬），2013（6）：36-38.

家庭结构缺陷对孩子的伤害是致命的，它会导致青年学生在成长过程中缺少应有的安全感，长时间没能在健全家庭中生活，缺少父爱或母爱，为青年学生今后生活埋下隐患。换句话说，当“问题家庭”得不到干预就会产生“问题青年学生”，“问题青年学生”得不到干预，就会演变为犯罪青年学生。①

一是新型“父教缺失”时代的产生。“男主外，女主内”这种观念长期以来为国人所认同，传统观念中人们认为男人就应该挣钱养家，女人就应该操持家务、照顾小孩。但随着研究的深入，很多学者发现父亲这一角色在家庭教育中有着至关重要的作用。国外学者霍林（Hollin）研究发现，未成年犯通常在成长过程中缺乏来自父亲的支持和关注。俗话说“养不教，父之过”，然而当今这个时代，越来越多的家庭里，父亲扮演着“缺失的角色”。大部分家庭的父亲外出谋生、养家糊口，在家庭教育中，对于孩子来说，父亲这个角色是缺失的。曾有一篇报道对北京 3~6 岁的学龄前儿童的家长进行过调查，有 80%的父亲表示：“工作太忙，没有时间与孩子交流。”不难发现，在中国式家庭中亲子关系永远居于第一位，亲子关系最重要的体现就是孩子与母亲的关系，而孩子与父亲的关系永远次之。父亲没能在孩子成长过程中承担起应尽的责任和义务，更多的小孩生活在只有一个母亲的世界里，生活在隔代教育的世界里。而这种状态最终导致的后果是什么？第一是影响孩子的行为塑造，男性和女性的表达方式和行为模式是不一样的，父亲的行为会潜移默化地

① 张文娟．中美少年司法制度探索比较研究［M］．北京：法律出版社，2010：7.

影响孩子，使男孩具有阳刚之气，使女孩知道男女之别，等等。如单身母亲带大的男孩，普遍表现得阴柔，缺乏男子汉气概。第二是影响孩子的角色的认知，父亲起着榜样的作用，他的行为举止、生活习惯是孩子自我发展的学习对象，男孩会希望自己成为父亲那样的人，女孩会按照父亲的标准来择偶。怀特（White）等认为良好的亲子依恋使孩子参与犯罪活动的可能性降低。如女孩在成长过程中，长期未能与父亲正常相处，那么她在今后交友和婚姻选择过程中，就可能缺乏辨别正常男性的标准。由此可见，子女长期生活在这种父爱缺失的环境中，会给他们的心理带来无法治愈的创伤，为今后的生活埋下隐患。

二是缺损型家庭对孩子的影响。某位教育学家曾说过："没有父母的爱所培养起来的人，往往是有缺陷的人。"缺损型家庭通常是指家庭结构缺损、不完整，如父母婚姻存在问题或家庭成员结构不完整，例如父母某一方死亡，或是父母离异的家庭。当前中国离婚率已经连续九年持续上升，截至2012年年底，北师大调查结果显示父母离异后不抚养孩子的家庭已经达到57万。[①] 犯罪学家乔瓦（Chova）等人试图验证家庭结构与犯罪之间的关系，他们通过调研，在康复学校里选择了149名青年，在正规学校里选择了155名青年，结果发现二者在家庭结构、父母关系、亲子依恋等方面存在显著差异。[②] 犯罪学家李（Lee）、徐润（Seo Yoon）等人发现韩国的"问题

① 皮艺军．犯罪学研究论要［M］．北京：中国政法大学出版社，2015：214.

② SAIBON J. Relationship Amongst Family Structure, Parental Attachment and Juvenile delinquency Among Students［C］//ICERI2010 Proceedings. IATED, 2010: 4108-4117.

青年”，多来自无人监管的家庭。① 正是家庭结构的不完整，导致这些大学生在成长过程中，在认知方面、情感方面、人格方面都与在完整家庭中成长的青年学生有所不同，他们过早地品尝到生活的不易，他们的心灵备受折磨，甚至在精神上长期处于“不饱和”“被剥削”的状态，因此他们极易产生各种心理问题，如抑郁、自闭、偏执等。在这种缺少父亲或母亲的家庭里，生活质量缺乏基本的保障，甚至生活水平下降，养育和教育子女的责任由父母中的一方担在身上，沉重的经济压力会使这个本来摇摇欲坠的家庭雪上加霜，甚至有的父母将养育子女的任务甩给爷爷奶奶、外公外婆。而这些看护人由于时间、精力和能力有限，很难给孩子创造出良好的家庭环境，使孩子长期生活在缺乏家庭温暖气氛和父母亲情呵护的氛围里。有时隔代教育、长辈的过于溺爱和纵容，还培养出大量温室里的“小皇帝”“小公主”。杨海燕等人对 282 名青年的家庭状况与问题行为进行了调研，当处于这种缺损家庭时，青年更容易出现攻击、违纪、畏缩和神经质行为。② 长期处于缺损的家庭环境，会导致子女过于封闭自己，一旦外界释放出一些不明真相的“友谊”和“温暖”时，他们极易不明真相地走上犯罪道路。

---

① LEE S Y, PARK E C, HAN K T, et al. The Association of Level of Internet Use with Suicidal Ideation and Suicide Attempts in South Korean Adolescents: a Focus on Family Structure and Household Economic Status [J]. *The Canadian Journal of Psychiatry*, 2016, 61 (4): 243-251.

② 杨海燕，蔡太生，何影. 父母依恋和同伴依恋与高中生行为问题的关系 [J]. 中国临床心理学杂志，2010 (1): 107-108.

第三节 家庭教育不当与青年学生犯罪

美国犯罪学家奈伊（L，Nye）经研究表明，“错误的是非观导致犯罪行为的产生。是非观来源于后天的教育，尤其是家庭的培养”。在一个家庭中，父母通常是子女的启蒙老师，父母的管教方式、教育态度、培养理念都显得尤为重要，如果出现偏差，就会将家庭教育的功能化为乌有，容易给子女的成长带来极大的负面影响，导致子女不良的性格形成，对道德的评判标准出现误差，甚至使子女走上犯罪道路。曾有学者做过调研，超过七成的父母希望子女通过课外学习来充实自己。这种殷切的希望让青年学生背上了沉重的负担。有的家长，疏于对子女的管教，认为教育是学校的责任，对孩子身上暴露出来的缺点、问题忽略不计、一味纵容；有的家长，对子女期望过高，让孩子学这样的特长，学那样的艺术，企图将孩子当另一个自己来培养；有的家长对子女放纵和溺爱，子女有什么要求就无休止地满足。这些不良的家庭教育模式都容易使子女失去正确的道德判断、价值判断，从而导致犯罪心理的产生。①

一是专制型教育方式。父母在家庭中处于绝对权威，孩子没有自主权，父母操纵孩子的一切，强制孩子必须听从。这种类型的父母对子女的管教方式过于严厉，教育缺乏耐心，简单粗暴地奉行

---

① 周芦萍，余长秀．城市家庭问题与青少年违法犯罪［J］．青少年导刊，2002（1）：67-69.

“棍棒教育”，从不考虑孩子自身的情感需求和心理适应能力。这种苛责的教育理念，极易对孩子性格产生两极影响，孩子要么富有较强的攻击力和暴力倾向，要么就特别懦弱，容易人云亦云。简单粗暴地打骂，会严重影响父母与子女之间的感情，造成父子关系、母子关系的疏远，容易让孩子自暴自弃，产生逆反心理。当今社会上对“虎爸虎妈”的推崇，把父母对孩子严苛的教育，看成培养孩子成功的关键，认为只有孩子进入了北大，家庭教育才等同于成功。这种教育过于强调教育的结果，忽视了德育，忽视了良好品行的养成，忽视了孩子快乐天真的童年。家庭教育中和谐的家庭关系和子女的健康成长，比进入北大重要得多。另外，以暴制暴观念的影响。很多家长都会面临这么个问题，当孩子在遭遇暴力的时候，应该怎么办？多数家长会教唆孩子“打回来”，但是这种“以牙还牙、以暴制暴”的观念是否真实有效，是否真的可以让自己的孩子避免遭受暴力值得商榷。①

二是溺爱型教育方式。溺爱型教育方式是指孩子在家庭中的地位永远处于第一，父母所有的行为都是围绕孩子的喜怒哀乐的。当代大多数青年学生都是独生子女，家庭结构是“4-2-1”的组成，祖辈四个、父母两个、孩子一个。整个家庭的中心都集中在孩子身上，孩子是父母的“小公主”“小皇帝”，集万千宠爱于一身，父母很少给子女设立行为标准，忽视子女良好习惯的养成，长久下去，孩子变得“称王称霸”、唯我独尊，自理能力弱，生活能力差，以自

① 郑金洲．教育碎思［M］．上海：华东师范大学出版社，2005：91.

我为中心，沟通能力差，容易推卸责任。在这种家庭中的青年学生如同温室里的花朵，由于父母对子女过分保护，一旦在社会中遭遇不顺，他们就恼羞成怒，甚至希望通过不法手段达到目的，如全省“三好学生”江某却因盗窃进了监狱。反思其成长背景，父母对他的物质需求百依百顺，但他在异地求学时，由于无法控制自己的贪念借助了非法手段。①

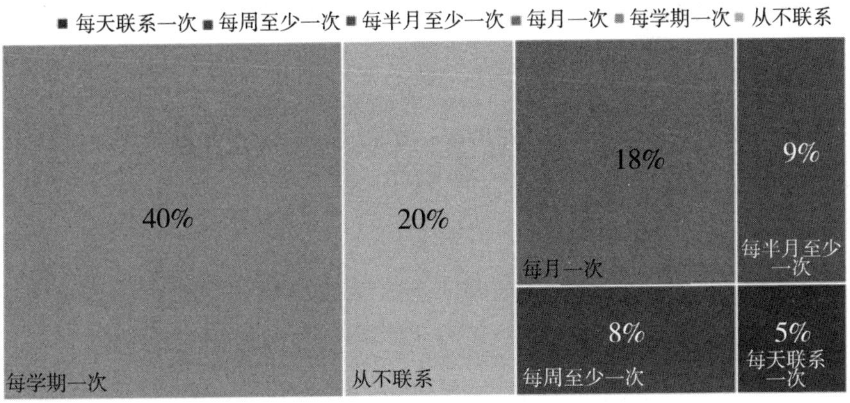

图 4.5　犯罪青年学生与家庭成员的联系情况

Fig 4.5　connection between law-breaching university students and their family members

三是放任型教育方式。放任型教育方式是指父母并没做好当父母的准备，既不对孩子的行为设置规定和要求，又不对孩子实施表扬和奖励，孩子在父母心中无关紧要，对孩子的教育、情绪、感情漠不关心，亲子关系极为冷淡。此类父母本身角色就存在问题，小时候交给祖父母或保姆，上学了就交给学校，长大了不成器抛向社

① 颜小冬．当代大学生犯罪成因及预防对策研究［D］．武汉：华中师范大学，2004.

会。在这种家庭成长起来的青年学生，对父母缺乏感情，与父母不亲，性格要么内向胆怯，要么放纵不受管束。

我们对犯罪青年学生与家庭成员联系情况做了统计，不难发现，犯罪青年学生普遍与家庭成员关系疏远。数据显示，40%的犯罪青年学生每学期只与父母联系一次，18%的犯罪青年学生每月与父母联系一次，20%的犯罪青年学生从不与父母联系。数据背后显示出他们与家庭的联系完全是一种扭曲的、异常的状态，他们与父母的交流并不多，甚至是非常少的，基本上不可能向父母倾吐心声。一旦遇到问题，无法适应社会生活，家庭又不能给予温情和力量，最终将导致侵害行为发生。

第三章 大学道德教化的忽视：青年学生犯罪的学校原因

目前我国高等教育在教育理念、教育内容、教育管理以及校园文化等方面都存在着一些滞后和不完善，这些原因也是诱发青年学生犯罪的重要因素。

第一节 大学教育的偏差

一、高校德育面临的问题

德育是我国高等教育中不可缺失的重要组成部分，关系着我国高等教育在人才培养战略的成功与否，也对每一名青年学生未来的人生道路产生深远的影响。令人遗憾的是，高等院校的德育显然还未做好准备，长期的错位以及缺失难以适应社会转型时期对人才的要求。

一是高等院校德育模式单一。长期以来高等院校德育都采取同一标准模式进行，很少考虑青年学生的个性差异并因材施教，这种教育忽略了青年学生个性品质的多样性和差异性，使得青年学生道德品质越来越不尽如人意。德育的现实意义是促进青年学生的全面健康发展。在很长的一段历史时期，高校的德育在教育的要求上，重视政治教育，轻视人格培养；在教育模式上，照搬国内高校的模式，不创建适应本校需求的德育方法。这种德育方式，严重脱离青年学生的需求，背离德育的目标。

二是高等院校德育功能丧失。试问高等教育是“育人”还是“制器”？高等教育是培养青年学生道德素质为主，还是培养青年学生技能技术为主？在当今知识经济快速发展的时代，社会与科学两者关系非常密切，高校是为未来培养科学工作者，使他们具有社会责任感和历史使命感的重要平台。而现在高校只重视传授专业知识，忽略培养道德意识，青年学生脑海中只有理性与逻辑的概念，但并未延伸至社会层面，更谈不上关心社会、参与社会、影响社会。社会责任感的培养没能很好地融入专业教育，使得大部分学生只埋头专注于自己专业课的学习，并未将德育加以融合内化到自己的精神世界中去。我国高等教育的特色是培养中国的青年学生，在这里强调的是“中国的”，表明我们培养青年学生的最终目的是服务于自己的祖国，这些学生至少应该关心祖国，不做有损祖国的事情，而当前大学培养的部分优秀学生流向了海外，他们认为奔赴国外意味着好的前途和生活，早已忘记回馈社会、报效祖国的初衷。所谓“青年学生”，是相对于中、小学生而言的，表明他们是受过高等教育的，有着自己独立的见解和高水平的技能，他们能将自己所学的知识应用于国家的建设中，作为社会的一分子贡献自己应尽的力量。因此，“中国的青年学生”实则就是培养青年学生肩负国家使命的能力，既要爱国又要能创新。倘若我们培养的青年学生缺乏高尚的道德情操的话，很有可能成为滥用专业知识的“科学怪物”。

三是高等院校德育内容乏味。高校在进行德育的过程中，在内容上主要是按照教学的要求，进行“照本宣科”的传授。然而在当今知识经济高速发展的时代，这些内容还不能满足将青年学生培养成为高素质、高层次人才的目标，高等院校的德育工作必须融于时代的新内容，才能真正做到与时俱进。高等院校传统德育只注重知识点的传授灌输，以分数高低为个人道德的评判标准，青年学生多是以考试为目的死记硬背或是以加分为目的参与社会实践，这样的德育培养出来的青年学生，要么是“言语的巨人，行动的矮子”，要么抗挫折能力较弱，无法应对现实的困难，要么缺乏判断力和决策力等，无法真正适应社会的需求。

二、思想政治教育工作相对薄弱

我国长期以来应试教育强调的是“重智育轻德育”。在这种教育模式的影响下，虽然当前每所高校都开设了思想政治课程，但教育内容以及教学方式都相对枯燥、单一，难以与青年学生的思维方式产生“共鸣”，容易使青年学生对思想政治课程产生抵触和排斥情绪，造成“三观”的偏离。这样极易导致行为上的偏离，对于这些心智尚未成熟的青年学生来说，很容易出现个人行为的不规范，乃至发生犯罪行为。

一是个别思想政治理论课教师素养不高。首都高校党建研究基地曾在2018年对北京市全市思想政治课教师的思想政治状况进行过调查，发现仍有少数老师立场不够坚定，存在摇摆不定的情况。为什么会产生这样的情况？思政教师并不是“与世隔绝”的，他们坚定的政治立场、思想状况会随着时间、空间的变化而发生变化，他们会因为个人的发展、家庭的经济压力、社会的大环境等诸多因素发生改变。加之，西方势力利用一切机会传播西方的文化和思潮，使得个别思政课教师的理想信念产生了动摇，甚至有个别教师在课堂上大肆批判贫富差距、体制腐败以及社会不公。

二是部分思想政治理论课教学方法滞后。在教学过程中，不难发现，当前的思想政治理论课采取的还是传统意义上的教与学、面对面的教学形式，这种“灌输模式”的教学方法 ，难以调动起学生的主动性、参与性，学生只是一味地被动接受。再加上所教授的内容过于空洞、过于脱离现实，使得思想政治理论课的效果并不理想，一些教师为了增加课堂的吸引力，不得不穿插一些其他内容，以此引起学生的注意，最终导致主次颠倒，思想政治教育的目的难以实现。

三是部分思想政治理论课教学内容欠缺吸引力。部分思想政治理论课教学内容较为“教条化”，没有很好地从学生的角度编写教材，没能很好地反映广大一线师生关注的热点。到底学生喜欢怎样一种教育形式，到底可以怎样通过“润物细无声”的方式传播理想信念呢？在涉及党的路线、方针、政策以及青年学生关心的社会问题时，应当融入一些鲜活生动的案例，增强可读性，而不是一笔带过或是直接引用有关文件。思政课教师在教学过程中，更应当根据教学对象、教学目的，对现有教材内容进行“精加工”，这样更能使教学内容充满吸引力并能与时俱进。

三、高校心理健康教育相对滞后

目前，我国青年学生心理健康状况并不乐观，虽然有很多高校都设有心理咨询室，但是这些机构很难得到青年学生的信任。因为学生的主观理解多是去心理咨询室咨询就意味着自己有心理疾病。再加上有些高校对心理健康重视不够、心理健康课和教育活动不够规范、教育工作队伍专业水平不高等因素，以致部分青年学生未能正确对待心理问题，因心理疾病而实施犯罪。

一是不够重视心理健康教育。忽视心理健康教育的特殊性，认为找几个专家做做讲座就等同于普及了心理健康知识，或是将法制教育、思政课程等简单地等同于心理健康课程。有的高校虽然进行了心理建档，但数据的来源缺乏延展性，只是简单地将新生入学第一次心理测试作为心理档案存档，而青年学生的心理在不断变化。有的高校虽然成立了心理咨询室，但没有专门的心理健康咨询老师，而是由一些兼职教师担任，还有的高校让一线辅导员兼职担任心理健康咨询老师，殊不知心理健康咨询需要的专业性很强，学生若得不到及时疏导，容易导致产生极端行为。有的高校在机构上重视不够，心理咨询中心大多挂靠在学工部、校医院等，缺乏工作的独立性；还有的高校在经费上保障不够，心理健康工作经费未能纳入预算之中。

二是心理健康教育缺乏专业性。目前仍有一些高校尚未开设系统的心理健康教育课程，只是以简单的“摆台”方式举办几场心理咨询活动，这种活动能够起到的作用微乎其微。有的高校还停留在一般理论知识的传授阶段，没有及时掌握青年学生心理存在的问题，通过心理疏导使青年学生及时调整自身的心态，从而起到心理保健的作用。笔者曾做过一次高校青年学生心理健康状况调查。共发出问卷500份，调查结果显示：当遭遇不良情绪时，29.6%的青年学生会向父母、朋友倾诉，11.9%的青年学生会选择上网聊天，只有2.5%的青年学生会进行心理咨询。也就是说，有56%的青年学生当出现心理问题时会保持沉默。正是由于缺乏对各种心理异常的正确引导，青年学生心理异常程度越来越严重，最终导致犯罪行为的发生。

三是心理健康教育工作队伍水平不高，这些问题严重地制约了心理健康教育的发展。虽然，高校已加强师资培训工作，但从事心理健康教育和咨询的人员多为“半路出家”，由辅导员、思政教师、其他管理人员转行来的，在这种情况下，心理教育和心理咨询活动很难达到良好的效果。而有的经过心理专业培养的人员，又常因为晋升上的困难、职称评聘条件不明确，认为没有得到应有的重视，缺乏应有的成就感，思想上产生波动，不安心于现在的工作。

第二节 高校管理的薄弱

一、高校的管理体制跟不上实际的需求

我国985、211高校，民办大学，高职院校等各色大学如雨后春笋般冒出，大学招生数量逐年攀升，随着规模的扩大、学生人数的增多，部分高校的硬件设施以及管理等软件建设跟不上现实的需要，大学管理日趋弱化，甚至出现滑坡。学校中层管理者年龄普遍偏大，50岁以上的管理人员占主体地位，约占52%，而那些在管理岗位上的年轻的、学历高的人员，却缺乏经验，难以使青年学生管理达到理想状态。由以前的小班教学变成了如今的大班上课，辅导员认不全自己带的学生，甚至有的青年学生一学期都见不到辅导员一面。一些自律性差、交际能力弱的青年学生更像孤独的小草在大学校园内“自生自灭”。曾有一名青年学生表示：“现实的校园对于青年学生来说更为虚拟，师生之间、同学之间难以敞开心扉，我们的焦虑、困苦没人倾吐，困惑得不到解答，我们拿什么来满足自己的精神渴求?”① 不少高校还将公寓建在校外，进一步弱化了学生的日常管理和监督，不少学生还在校外租房，这种行为更为学生管理带来了麻

① 邬焕庆，吕诺．虚拟的一代——网络时代的大学生生活形态［EB/OL］．新华网，2005-01-16.

烦。2007 年 12 月，江苏某职业技术学院大二学生中奖 500 万元后，立即放弃学业离校回家。① 这种现象的产生映射出大学教育有多么缺乏吸引力。面对这些问题，一些学校不得不采取措施加以封堵，但往往事与愿违。

二、学校的管理力度有待加强

目前有一些高校存在权责不清、管理混乱、纪律不严、工作不到位等诸多情况，对青年学生的违纪行为存在松懈、包庇等现象。例如，学校未及时查处那些夜不归宿的青年学生；对考试不及格、降级的学生未予以重视；对青年学生抽烟、喝酒、厌学、贪玩等恶习视而不见，以致这些不良行为得不到纠正，久而久之演变为违法违纪行为。而且，当前大学办学的方针都是开放式办学，安全保卫工作难以做到精益求精。例如，高校没有门禁制度，使得一些地痞、流氓很容易潜入大学校园。寝室也没有相应的门禁管理制度，导致各种管制刀具被藏匿在寝室内，为有犯罪苗头的青年学生进一步实施犯罪埋下了诸多隐患。同时，也使一些意志薄弱的青年学生过早地接触社会，被社会不良分子腐蚀和侵害。一些高校高估了青年学生的自我管理能力，通常对青年学生的管理采取“无为而治”的态度，对青年学生中已经出现的问题或是可能出现的问题，缺乏相应完备的规章制度。有的高校制定了相对完善的规章制度，但在实施过程中，总会因为种种原因使效果大打折扣，如对寝室里有小偷小

① 南京一青年学生买彩票中 500 万大奖［N］. 现代快报，2007-12-26.

摸行为的青年学生，通常的处理原则就是大事化小、小事化了，美其名曰给他一次改过的机会。重庆某高校曾对一名有偷窥癖的青年学生采取了一次“人性”处理，事后让他继续完成学业，殊不知这名青年学生频频再犯。当学校做出开除决定时，该生父母居然狡辩是学校没有严肃处理导致小孩病情加重。正是学校的“手下留情”，使得部分学生“有章不循”“屡禁不止”，无形之中助长了部分“越轨”青年学生一步一步从不良行为到违纪行为再到犯罪行为。

三、高校教师综合素质有待提高

目前部分高等院校教师职业道德呈下滑趋势。首先，有的教师为了职称晋级，论文代写代发；有的教师滥用项目经费，乱买电子设备、设施等；有的教师重科研轻教学，认为科研关系到自己的职称评定，而教学只是为了挣点工资养家糊口。其次，教师的教育理论水平偏低，有的教师缺乏基本的教学常识，更不知所谓的先进教育理念了。当前高校内除部分公共课和基础课教师毕业于师范院校外，大部分专业课教师均来自非师范类院校，或者是各行业专业技术精英，这种教师通常专业性很强，但缺少教育学、心理学等系统教学知识的熏陶，在教育教学理念方面水平有待提高。最后，缺乏工作激情。高校教师是否具有工作激情关系到实施教育的成功与否。但是，笔者与身边教师交流发现，个别教师工作激情不够，认为“当一天和尚撞一天钟”，只要自己没有教学事故，就对得起单位、对得起社会了。因此，从来不做教学内容上的创新，一本教案讲到底。这些教师“为人师表”都不尽如人意，使得学生对他们难以产生敬畏之心，更谈不上对学生进行积极引导了。

第三节 校园文化的匮乏

校园文化建设既包括文化设施、公益设施此类物质文化建设，又包括制度文化、娱乐文化此类精神文化建设。作为代表“大学人”群体精神的校园文化，是围绕广大师生的教育教学活动以及校园生活孕育而生的，以其独有的人文环境和精神氛围，使每名青年学生在无形之间思想境界、行为模式、价值取向等方面都受到影响，实现对人品行、人格、修养的塑造。校园文化以一种“润物细无声”的方式向校园内的每个群体传播“正能量”，并以潜在的规范性，要求每名成员自觉遵守其准则，只有成员采取与之相匹配的行为才能得到大环境的肯定，反之，则会遭到周围环境的谴责和唾弃。

一、对校园文化建设的认识不够全面

一是片面理解校园文化，将物质文化建设简单理解为校园文化。各大高校大兴土木，非常重视建设硬件设施，如扩大校园面积、完善教室的功能、打造景观、新增仪器设备、建章立制等，但往往忽略实际效果，如师生规模是否与校园面积匹配，高价格的仪器设备是否有高使用率，规章制度是否执行，等等。这些行为都是忽略了

校园文化里精神文化的内涵。二是将校园文化简单理解为娱乐文化。部分高校为了突出自身的文化氛围，大搞文艺演出、竞技比赛、科技创新等活动，简单地认为只要把这些活动办好了，就建设好了校园文化。三是对建设效果不能正确评价，错误地认为校园文化的成效就是新建了几座雕塑，打造了几个人文景观，组织了几场比赛，忽视了校园文化建设的核心精髓所在，每个学校都应有自己独创的大学精神，然而当前普遍学校对整体形象、文化气质等还不够重视。①

二、校园文化建设的教育功能弱化

随着社会主义市场经济的高速发展，青年学生独立自主的能力日渐加强，创新意识、创业意识不断涌现。与此同时，随着改革进入深水区，不良社会风气蔓延，使不少的青年学生受到严重的影响，这就需要高校在校园文化这方面加以引导。但是，当前高校在文化育人方面还存在许多问题。如，宣传栏、宣传橱窗、海报、板报内容参差不齐，更换周期较长，未能及时传达党的路线、方针、政策。而且校园内充斥着各类小广告，如房屋出租、招聘启事、旧物转让等，让本该“阳春白雪”的高等院校蒙上了一层低俗的市井气息。个别院系所有活动都找商家赞助，整个活动现场“花里胡哨”，到处都是商家的品牌和 LOGO，学生难以判断它们是校园活动还是商家促销。这些都直接影响校园文化的教育意义，不利于文化熏陶。

---

① 王梓坤．大学精神［J］．北京师范大学学报，2003（2）：29-32.

三、校园文化建设缺乏独创性

高校校园文化应该突出各自不同的品牌特色，突出各自不同的文化特征。随着当前访问机会增多，这种学习和借鉴也造成了大量的仿照和克隆，类似的教学楼设计、雷同的图书馆设计层出不穷，将其他学校的校训、校风加以改装变为自己的校训、校风，将其他学校的规则制定、评比办法换个标题变为自己学校的规章制度、评比办法，等等。这些模仿行为导致学校自身的个性、特色逐渐消失，各高校之间的趋同性日渐增强。如在办学定位方面，不根据自己现有资源、历史渊源、专业特色确定自己学校的办学层次、办学领域，抛弃本校的传统和特色。在人才培养模式方面，专业设置也盲目跟风，看到别人设置的专业招生好，就自己也盲目增设这个专业，忽视社会需求和本校特色。在新校区规模建设上盲目攀比，从校园的整体格局到各教学楼的色调，缺乏本校独有的人文背景和文化底蕴，影响了学校优秀文化的传承。

四、校园文化建设的人员缺位

校园文化建设需要高校有关人员共同参与，包括高校的管理者、教师、青年学生等。但是，目前高校校园文化建设大多数还停留在青年学生这个群体上，管理者、教师参与力度不够。管理者是推动校园文化建设的真正“策划者”，教师是“风向标”，是大学精神的主要传播者，他们的参与时有时无，仅靠青年学生的“小打小闹”，校园文化很难上层次。[1] 而且，现在的一线教师大多数更热衷于埋头教学，应付科研，完全没有时间和精力参与校园文化建设，而且认为校园文化与自己也没有多大的关系，学生的文艺演出、体育比赛应该由辅导员、班主任等学生工作者负责参与支持，在这种情况下，校园文化建设受到了严重影响。

---

① 周武君．大学精神：校园文化缺失与重构的价值指归［J］．辽宁教育研究，2004（8）：13-15.

第四章　社会道德控制的弱化：青年学生犯罪的社会原因

国外从 19 世纪 30 年代就开始将犯罪作为一种社会现象来研究。马克思曾说过："人的本质并不是单个人所固有的抽象物。在其现实性上，它是一切社会关系的总和。"人们组成了社会的集合，每个人都离不开社会这一大环境，人的思想和行为都受到社会环境的牵制和影响。我国正处在改革转型的重要时期，产生了许多矛盾和冲突，使社会道德控制出现弱化，导致青年学生出现行为偏差甚至走上犯罪道路。青年学生犯罪的社会原因主要体现在以下几个方面。

第一节　社会经济的负面效应

在实行市场经济过程中出现了漏洞、产生了负面效应和各种冲突①，这些都使青年学生受到严重的影响。有的青年学生能够理性

① 吴殿朝．我国社会转型时期的致罪因素探析［J］．中州学刊，2005（3）：104-106.

地思考市场经济的弊端，分辨是非，但是有相当一部分的青年学生在市场经济的负面影响下，对物质和金钱的欲望恶性膨胀，从而走上犯罪的道路。

一是贫富差距拉大的影响。我国实行市场经济体制，有助于促进社会经济的发展，但是随着改革进入深水区，贫富差距的拉大，社会财富分配不公，越来越多的社会问题不断涌现，人们的价值观发生了变化，为了更多地谋取财富，不惜铤而走险、触犯法律。社会学理论也深刻地指出："当社会只是贫穷或者只是富裕，均不产生犯罪，但当社会贫富差别太大就会产生犯罪。"① 然而随着经济发展，与市场经济体制相匹配的管理模式、法律法规还不够完善、还不够健全，正因为经济管理中漏洞、偏差在所难免，社会出现了很多诱发犯罪的消极因素。例如，在计划经济时期强调的是：国家利益高于一切，个人利益必须服从于国家利益和集体利益。② 然而，随着社会的转型，在建立新的利益格局的过程中，更容易发生摩擦，利益最大化的原则大大刺激了人们对"功名利禄"的追求，物欲、私欲的不断膨胀，使得一些人为了"快速致富"而"不择手段"。贫富差距的迅速拉大，也导致一部分人滋生出"仇富心理"，他们敌视那些先富起来的人，这一想法可能会驱使他们侵害富者的财产③，总是认为他们是通过什么不法手段获取的暴利。还有社会上炫耀财

---

① 陆建华．中国社会问题报告［M］．北京：石油工业出版社，2002：84.

② 刘合行．道德评价中的个人主义倾向评析［J］．河南师范大学学报，2003（1）：16-18.

③ ［英］亚当·斯密．国民财富的性质和原因的研究（下卷）［M］．郭大力，王亚南，译．北京：商务印书馆，2003：272-273.

富产生的示范效应，也使得一部分人认为“金钱是万能的”，对物质和金钱的欲望恶性膨胀，不择手段地攫取钱财。

二是冲突矛盾的影响。当前社会正处于转型时期，出现新旧体制并存的情况，个人与群体由于代表不同利益而处于“针锋相对”的矛盾中，每一次体制上的变革都会引起冲突，都会出现个人和群体之间的矛盾。留恋计划经济体制的人固守“吃大锅饭”的分配逻辑和方案，赞同市场经济体制的人要求进一步深化改革，让人们生活水平进一步提高，正因为不同的人持有不同的立场和观点，在行为上就产生大量的冲突与矛盾。旧的体制没有被彻底破解，新的体制还没有完全建立起来，在新旧体制交替运行的过程中，有的人欣赏20世纪五六十年代淳朴的社会风气，却不满意生活的清贫和物质的匮乏；有的人满足于改革开放带来的丰富物质生活，但不适应改革开放带来的激烈竞争；有的人在改革开放有“红利”的时候举双手赞同，一旦涉及他们个人利益，就立马站在了改革的对立面。新旧体制转换过程中产生的大量矛盾和冲突，使市场经济出现了许多漏洞，这就使犯罪特别是经济犯罪活动有了可乘之机。

三是行为浮躁性的影响。社会快速的发展，充斥着太多的不确定性，一系列的社会变革，使人们很难静下心来认真思考社会变革的本质特性，很少对人生价值进行深入的分析，什么事情都人云亦云，各取所需，产生了行为方式的浮躁性。这种情况下人们看起来整天忙忙碌碌，实际上缺乏稳定的行为规范，从而使社会秩序产生了隐患。在当前社会中，某些人崇尚“表面文章”，热衷于形式主义和浮夸之风，很少静下心来认认真真、踏踏实实地做事，只是把大量的精力用在“抬头看天”“揣测圣意”上；有些人总希望通过捷径快速致富，不是将精力用在产品的改良升级上，而是热衷于小道消息，囤积居奇；有些人从不努力提高自己的文化素质、自身修养，而是热衷于通过“捷径”为自己“戴帽镀金”，带着一身“某某专家”“某某学者”的名头招摇过市。在行为浮躁性的影响下，不少人急功近利，“私欲”不断膨胀，不择手段地追逐名利，从而走上了犯罪的道路。

第二节 社会不良文化的影响

所谓文化，从广义上解释，就是指在人类社会历史实践过程中，自然基础上所有的活动内容，包括创造出来的物质财富和精神财富等；从狭义上解释，则是指反映社会意识形态的生活方式、宗教信仰、文学艺术、价值观念、道德风尚、思维方式等。我国著名的犯罪学家严景耀先生曾指出：“犯罪与文化有着密切的关系，而这种关系的密切程度是大多数犯罪学者无法估计的。”① 社会文化作为社会精神实质的存在，从深层次上决定每个人不同的价值观念以及行为模式。它既是社会政治、经济等综合因素的客观反映，又作用于社会政治、经济的协同发展。同时，社会文化还分为高雅文化和低俗文化，高雅文化能产生内动力，有助于一个人产生内在精神意识的

① 车绍文．社会失范理论对犯罪控制的启示［J］．法制与社会，2009（2）：247.

升华，用意志力将个人情感、行为控制在法律法规、道德文化所规范、所允许的范围内。低俗文化则与之相反。然而对于社会文化的主要接受者——青年学生而言，倘若受到低俗、腐朽文化的侵蚀和影响，很容易使“三观”偏离正常轨道，进而步入犯罪的歧途。

一是传统文化的糟粕。中华民族的传统文化博大精深、源远流长，既包括春节、端午、中秋、重阳等民间节日中的健康习俗，又包含着爱国主义精神，如“木兰从军”“岳母刺字”等精忠报国的民间故事，以及儒家学说强调的“仁、义、礼、智、信”的思想，提倡的“尊老爱幼”“尊师重教”的道德观。这些优秀的传统文化对稳定社会、发展经济、净化风尚、改善民众生活起着积极的作用。但是，传统文化中毕竟还是隐藏着某些落后的观念，有些早已被扔进历史“垃圾堆”里的东西，也被捡拾出来当宝贝对待。如封建迷信的回潮，人们热衷于求神拜佛、占卜看相，繁文缛节、陈规陋习重新盛行。这些乌七八糟的东西，同样也混淆着青年学生的视听，违背以科学和民主为基准的社会主义伦理道德，如封建“帮会”意识，不论是非曲直只讲求哥们义气；缺乏法制观念和公共道德意识，强调家庭、宗族等姻亲关系；强调错误的“权大于法，法依附于权”的法治观念。这些落后观念一旦遇到合适的“土壤”，就会“生根发芽”——爆发青年学生犯罪事件。某高职院校学生张某，在一次打饭过程中与另一位同学发生口角以及肢体上的冲突，他觉得自己吃了亏，心中不甘，便纠集全宿舍的“兄弟”一起出动，把对方打伤致残，这就是所谓的“兄弟情”惹下的祸。

二是西方文化的渗透。有关调查发现：有 59.2%的青年学生认为“应当警惕西方文化价值渗透”，有 24.7%的青年学生态度中立，有 16.1%的青年学生对“警惕西方文化渗透”表示不赞同。[①] 首先，西方政治文化以各种方式宣扬西方的政体模式和资本主义思想。例如，通过培养留学生的形式，将西方政治文化和价值观念传播给青年学生，使大量的精英学生认可西方的政治模式和社会观点。同时，将反动言论通过网络、书刊等形式向校园传播，将社会上的一些不良现象归因于当前现行的政治体制。其次，西方个人主义对青年学生的影响。个人主义强调的是个人价值以及个人利益在社会关系中优先于集体利益，再加之世俗化和物质化的引诱使得个人主义演变成利己主义。当前的青年学生更是受其影响，个人主义服从集体主义难以得到他们的认同，他们更加无法清楚地认识自我与社会的关系，一味强调个人价值、个人利益，追求自我需求的满足、自我价值的实现，忽视对社会以及他人的责任和义务。再次，受到西方“拜金主义”的冲击，将获取金钱作为人生奋斗的主要目标以及个人获得成功的标志。青年学生之间攀比心理严重，攀比服装、电脑、手机等日常消费用品，甚至通过“校园贷”去进行高消费来满足虚荣心，忽视了个人的素质提高和精神追求的重要性。最后，西方消费主义也对青年学生消费观造成了冲击，青年学生购买商品不再是为了满足生活的需要，而是为了彰显魅力、追赶潮流、炫耀品位和财富等，这种消费主义只是为了满足对商品表面价值的占有，而不利于正确价值观的形成。

---

① 董祥宾，沈壮海．当前大学生文化观念调查分析［J］．文化软实力研究，2016（2）：89.

三是网络文化对青年学生的危害。网络早已不再是什么新兴事物，曾有一则笑话描述一个人“吃喝拉撒”都在上网，由此可见网络早已深入地融于人们的日常生活。这则笑话也暗藏讽刺意义，讽刺一些人上网毫无节制，不论时间地点。

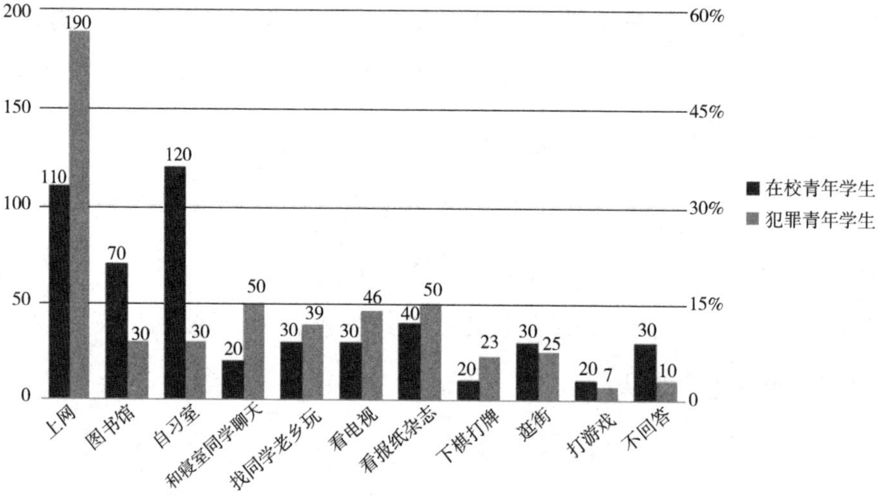

图 4.6　在校青年学生与犯罪青年学生课余生活时间安排

Fig 4.6　time spent on extra curricular activities for normal university students and criminal ones

笔者曾以“如何安排业余时间”为题目分别对在校青年学生、犯罪青年学生进行过调查，结果发现：在校青年学生花费在“上网”上的时间达到20%；花费在“图书馆”上的时间达到15%；花费在“自习室”上的时间达到25%，这些数据表明在校青年学生更愿意将业余时间花费在学习方面。然而犯罪青年学生在业余时间安排上，最多的花费在“上网”，“上网”的比例远远高于“图书馆”“自习室”，这说明网络对他们的吸引力远远大于其他方面，为什么犯罪青年学生更热衷于把大量的时间用在网络上而不是把精力用在学习上呢?

网络给青年学生带来的危害主要表现在以下几个方面。首先，网络不良信息侵袭青年学生的“三观”，滋长了青年学生的不健康意识甚至犯罪心理，使他们出现模糊混乱的多元价值取向。[①] 西方势力利用他们在国际互联网信息资源方面的绝对优势，积极向青年学生鼓吹西方的意识形态、政治制度以及文化思想等，进而进行文化扩张和文化侵略。一些青年学生因缺乏明辨是非的能力，很容易被西方敌对势力侵蚀甚至使自己的价值观被摧毁。

其次，不良网站腐蚀着青年学生的身心。德国社会学家施奈德曾指出：“我们头脑中对犯罪的理解大多是由大众传媒所反映的。”[②] 网络上隐藏着大量的色情网站、赌博网站、自杀网站等，这些淫秽、暴力的网站污染着青年学生的身心健康。笔者以“你是否浏览过淫秽网站”对犯罪青年学生进行了调查，数据显示，有44%的犯罪青年学生表示偶尔浏览黄色网站，有4%的犯罪青年学生表示极想浏览黄色网站，有16%的犯罪青年学生表示说不清楚想不想浏览黄色网站。这表明，网络黄毒对犯罪青年学生的毒害是超乎想象的，摧毁了他们纯洁的思想，也可能是导致他们走上犯罪道路的诱因，甚至有一些女学生，沦为网络涉黄平台的“美女主播”，还振振有词地说这是“人的最彻底的解放”[③]。曾经有一款“蓝鲸杀人游戏”大肆传

---

① 纪德尚．犯罪控制论［M］．西安：陕西人民出版社，1990：153-154.

② 艾如张，刘艳．我们的孩子怎么了［M］．北京：新世界出版社，2002：34.

③ 刘文成．犯罪学——犯罪现象·原因·对策［M］．北京：群众出版社，2001：165.

播，该应用通过邀请青年人参与自残式体验，以渐进式的方式一步一步诱导青年人自杀。

最后，虚拟世界带来的不真实感，让青年学生迷失现实，甚至是躲避现实。笔者曾经与一位网络成瘾的学生谈话谈心，问道："网络游戏这种打怪升级的模式不单一、重复吗？为什么还会沉迷其中？"学生表示，自己难以在现实生活中找到网络游戏带给他的那种成就感，每一次升级，每一次获得新的装备，都让他觉得自己的付出没有白费。这些都表明国家加强网络监控刻不容缓，同时，青年学生也要不断提高自身素质，自觉抵御不良网络信息的侵害。

第三节　社会控制力的弱化

任何一个国家、任何一种社会制度，犯罪都是不可避免的。但是，可以采取有效措施对社会上的犯罪数量以及犯罪的危害程度进行有效控制。社会控制犯罪力量的削弱既无法对犯罪意识的产生起到抑制的作用，又会给犯罪行为提供可乘之机。在社会犯罪行为不断增多的影响下，有的青年学生不惜铤而走险，走上了犯罪的道路。

一是破案率不高会导致更多的犯罪。破案率高是彰显国家犯罪控制力强的一种手段，关系到人民群众的利益是否得到保障，犯罪分子能否得到应受的制裁，由于控制犯罪的有效性更多地取决于刑罚的不可避免性，惩罚和犯罪是不可分割的一对概念，缺一不可。① 因此，提高破案率对于防范与打击犯罪意义重大。当犯罪案件久不能破时，法律就会没有威严感，犯罪分子就会逍遥法外，即“违法者对风险持偏重态度”②，最终导致社会没有约束感，大量犯罪事实滋生和泛滥。反之，当任何犯罪行为都能得到法律的惩处时，犯罪就会被遏制，人们会自觉约束自己的行为，不冒险做违法犯罪的事。

有学者研究发现，破案率每上升 1 个百分点，犯罪率会下降 4.53 个单位，即每 10 万人中少出现 4.53 起犯罪案件。③ 这项数据表明破案率越高，对犯罪的遏制作用就越强，犯罪率便会随之降低。因此，必须对犯罪案件加大侦破力度，并给予严肃惩处，使青年学生清醒地认识到，只要犯罪就会受到严厉的惩处，从而使他们约束个人的不良行为，避免以身犯险、以身试法。

二是社会控制机制还不够完善，有待加强。第一，社会控制体系还不完善，未能从根本上预防和减少犯罪，全社会还未能形成对社会治安问题和犯罪问题齐抓共管的局面。第二，在预防犯罪、打击犯罪、改造犯罪等方面还存在着一些薄弱环节，控制犯罪的能力还需要提高。第三，在社会治安管理方面没有跟上新的形势，防范工作存在许多的问题，措施力度也不够，使犯罪分子极易找到机会，实施犯罪行为。

---

① ［法］埃米尔·迪尔凯姆．自杀论［M］．冯韵文，译．北京：商务印书馆，2001：397.

② ［美］加里·S. 贝克尔．人类行为的经济分析［M］．王业宇，陈琪，译．上海：上海人民出版社，1995：66.

③ 胡联合．转型与犯罪：中国转型期犯罪问题的实证研究［M］．北京：中共中央党校出版社，2006：41.

正因为这些问题的存在，使一些社会洞察力强且抗挫折能力较弱的青年学生，面对社会问题和困境时容易丧失信心，更为极端的是产生一些抵触情绪甚至是敌对情绪。还有一些意志力薄弱的青年学生，在金钱至上的扭曲价值观中迷失了自我，从而走上了犯罪的道路。

三是社会的控制力逐渐削弱。转型社会亟待加强社会控制，但是转型社会势必造成社会控制能力的降低，这是转型社会存在的基本矛盾。在转型过程中，新的社会控制措施尚未形成，旧的社会控制手段又在一定程度衰减，从而为犯罪活动提供了可乘之机。第一，在经济调控管理方面，随着国家行政干预的逐渐减少，在宏观经济调控层面，政府会出现行政功能的弱化的现象，导致一些社会冲突加大，不稳定因素增多。第二，社会管理层面，人口流动频繁，人口的地域限制被打破，政府部门难以对流动人口户籍进行管控，这为诱发犯罪埋下隐患。第三，对青年学生的保护、约束机制弱化。首先，在青年学生的保护机制方面存在弱化。当前各个高校更多地关注对青年学生的管理，在国家层面尚未形成一部专门保护青年学生司法权益的法律法规。其次，对青年学生的约束机制也越来越弱化，按理说保护和约束是相辅相成的，没有保护，何谈约束，约束是为了更好地保护。约束越来越少，使得青年学生肆无忌惮地实施各类犯罪行为。总之，当国家社会控制力逐渐削弱时，青年学生对社会的依恋眷顾之情就会降低，行为也更为放荡不羁，严重的最终走向了犯罪。

四是城市化的推进更易产生犯罪。城市化是人类社会现代化发展的必然趋势，但是不得不承认，城市化的到来，使得现代人不得不为时代的进步而“买单”，大量的犯罪充斥在城市地带，这往往被人称为“城市病”，是城市发展的必然产物。① 城市的不断发展，使得人们对出生地的依赖被破坏，道德训诫被削弱，大城市中的不良习惯和犯罪现象有所增加②，由最初的暴力犯罪逐渐演变成为财产犯罪③。在城市化进程中，流动人口不断增加，外界的刺激也随之而来，这种刺激会加快人们的生存步伐，混淆人们的视听，破坏人们的道德理念，特别是由以往的族群、姻亲关系转变为当前的非亲属的个体关系，人们都生活在互不相识的陌生环境中。再加上随着竞争的加剧，很多社会上不平等的现象展示在人们面前，财富的巨大差距让人分外眼红，“利”字当前使得一些人不惜以身犯险实施犯罪。例如，郑州某学院一名大二男生，2008 年 3 月在火车站出口处，对一名正准备上出租车的女乘客实施抢劫，被公安机关抓获，当询问他理由是什么时，他表明只为了抢那位乘客的苹果手机，而且他毫无懊悔之意，因为在这个城市里，他始终都感觉无法融入，觉得自己是一个陌生人。④

大学也是城市的延伸，是城市的产物。从统计数据来看，当前，随着越来越多学校新校区的搬迁，设置在城市内和城郊接合部的大

---

① 严景耀．中国的犯罪问题与社会变迁的关系［M］．北京：北京大学出版社，1986：202-203.

② ［美］R. E. 帕克．城市社会学［M］．宋俊岭，译．北京：华夏出版社，1987：25.

③ ［美］路易斯·谢利．犯罪与现代化［M］．何秉松，译．北京：群众出版社，2002：64.

④ 邢军，王惠丛．男大学生火车站抱住女孩抢手机［N］．河南商报，2008-03-15（08）.

学占绝大多数，然而这些游走于城市边缘的青年学生能否使自己的心态健康成熟，能否将自己的成长背景与未来梦想相统一，能否将自己独特的个性与适应社会特征相结合都是需要关注的问题。正因为这一不断融合的过程，他们身上矛盾重重，不和谐的现象屡屡发生。根据统计得出，城市与农村相比较，前者犯罪率远远高于后者；大城市与中小城市相比较，前者犯罪率远远高于后者；城郊接合部与城市中心相比较，前者犯罪率也远远高于后者。城市化的过程对于那些生活在“城市”变迁过程中的青年学生来说，是一个极大的犯罪诱因。一些来自贫困地区的青年学生，对进入这个充满诱惑的城市表现得十分迷茫，他们不知道能不能适应这里的竞争，他们困惑、莽撞、茫然、不知所措，当遭遇挫折而一直得不到解决的时候，他们便会产生报复社会、实施犯罪的想法。例如，某青年学生从湖北农村到郑州上大学，面对城市灯红酒绿的生活，顿感读书无用，便开始“下海”做生意，与他人合伙经营录像厅，但后来因经营不善导致亏损，在承担亏损时与他人斗殴，最后触犯了法律。

第五篇 05

青年学生犯罪预防策略

研究青年学生犯罪原因的最终目的是尽可能减少或避免青年学生犯罪的发生，将犯罪中止在萌芽阶段，起到犯罪预防的作用。所谓犯罪预防，就是通过采取多种防治措施，调动社会上一切积极因素，消除可能出现的犯罪条件，达到防止、减少和遏制犯罪的目的。将“立德树人”的理念引入青年学生犯罪预防领域中，关键是要正确理解“依法治国”与“以德治国”之间的辩证关系，将预防青年学生犯罪视为整个国家治理的有机组成部分，充分认识这里的德，是指广大人民群众普遍认同、遵循的“常识、常理、常情”为载体的“德”，更是指将最好的社会政策作为最好的刑事政策落实在各种社会制度构建和国家所有工作的措施之中的德，将青年学生犯罪的治理与国家社会治理的全局结合起来。根据青年学生犯罪原因的特殊性，通过实施“以德修身”提升青年学生自身素质；实施“以德育人”营造和谐家庭氛围；实施“以德树人”构建良好学校育人环境；实施“德法并举”完善社会道德文化环境“四位一体”的青年学生犯罪预防体系，从而达到预防青年学生犯罪的目的。

第一章 "以德修身"提升素质是预防青年学生犯罪的前提条件

青年学生犯罪的一个重要原因，就是青年学生自身人格缺陷，不能正确地认识自我，存在着价值观的偏差、个人道德的缺失。俗话说内因是事物变化发展的根本原因，要预防青年学生犯罪，首先要从青年学生自我做起，"以德修身"全面提升个人素质。

第一节 青年学生自我修养的前提是正视自我

自我意识是意识的一种形式，主要是指个体本身对其自身的一定认识，是一种意识形态。这些认识是青年学生对自己心理、生理正视的态度，是其对在社会中所处的角色客观地审视和全面思考。

正视自我即自我意识的一种递进，是能够准确地审视自我。将自己置身于社会之中，对自我的行为有清醒的认知，同时克服被动和盲目的过程，建立起上进、积极、理性的自我意识，从而对自己做出正确的评价，并对所处社会做出客观的分析。要想青年学生的自我修养意识得以复苏并对自身道德修养加以重视的话，敢于正视自我是先决前提，只有创造了正视自我这一前提，就为今后培养自我修养提供了可能性。意识作为个体对社会现状的反映也有着其双面性，既可能存在着个人对社会积极的影响，又可能存在着个人对社会消极的影响。要想产生积极的自我意识，青年学生必须融入社会当中，才能不断提高自己的适应性、自觉性，只有自我意识冲破非理性冲动，突破对现实不满的情绪，才会不受限制地发展。

要正视自我，一是要敢于正确地认识自身的不足或缺点。俗语说得好："人贵有自知之明"。每一个人都是不同的，不论是在思维、性格、人格乃至为人处世等方面都会存在许多不尽如人意的地方，正视自我就是要明白自己的优势和劣势，找准适合自己的道路。在青年学生中，常常发现这些问题，有的学生不思进取，总是抱怨自己的出身不好，父母不能给他创造良好的物质条件；自己性格也不好，不会和同学和谐相处；自己学习成绩也不好，未来很难找到理想的工作，总是在自暴自弃中生活，生活缺乏目标。其实这些青年学生没有明白这么一个道理，你只是还未能认识到真实的自我，一个人只有真正可以坦诚地接受自己的缺陷和问题，才能使思想道德境界得以提升，从而实现自我完善。

要正视自我，二是要善于认识分析自己身处的环境。在社会改革转型时期，青年学生的认知以及心理会随着时代的变迁处于一个波动时期，会出现各式各样的心态，如畏难、不适应、不知所措等，所以，青年学生必须审视自己所处的环境，形成积极的自我意识。

高等教育的实质就是为了传道授业，帮助人们提升精神境界。① 然而，处于社会转型时期的高校不可能长期处于真空状态，这就使高校德育工作很难有效开展。德育要想真正触及学生心灵，让学生能够正视自我、肯定自我价值还是有一定距离的。大部分青年学生将德育当成一门课程来学习，修好相应的学分，并未将它作为规范行为、提高认识、肯定自我、提升价值的一种内化教育。再加之，当前教育普遍重学业轻素质，实用性趋向明显，把学生考研、就业当成一切教育的落脚点和衡量标准，对青年学生学习的关注远胜过于对德育的关注，所以导致有的青年学生出现了对现状的逃避，更有甚者意识不到自己存在的意义，稍遇挫折就容易走向极端导致犯罪，引发一系列社会问题。当一个人因为暂时的迷茫和失落而不愿意正视自我时，那他就很难处理好当前个人与环境的关系，个人行为就不能向积极的方向发展，更谈不上改造自身所处的环境。要善于正视身处的环境，对现实不公不要逃避，也不要停留于愤怒，而是要通过提高自身的修为，去抵制不良环境带来的负面影响，从而参与改造社会的伟大实践中。心理学家王浩平曾说过："当你碰到无从抉择的事情时，要学会坦然接受。"我们是常人，不是完人，难免逃避不了生活的苦辣酸甜，有快活的，有愁闷的，有喜悦的，有无奈的，更有许多不如意的。学会正视自我，处理好自身与环境的种种关系，用积极的自我意识，去领会时代所赋予的道德内涵，才能不断提升个人思想道德境界。

---

① 彭湃．境界论高等教育哲学的彰显及其意义［J］．江苏高教，2004（2）：27-29.

第二节　青年学生自我修养的重点是反思自我

反思自我可以理解为解决提高修养的努力方向问题。俗话说得好，“方向比努力更重要”，如果方向错误了，不论你怎样努力，也是南辕北辙，到不了胜利的彼岸。反思自我可以理解为个体对自我言行的一种思考和判断，在仔细思考下对自我价值的一种选择。《论语·学而》中曾子曰：“吾日三省吾身，为人谋而不忠乎？与朋友交而不信乎？传而不习乎？”[①] 指出人每天要多次自我检讨，肯定自己的优势，发现自己的不足，这样才能提高个人的道德修养，塑造出理想自我人格。因此，青年学生反思自我的过程也可以说成是一个“三省吾身”的过程，就是对积极的自我意识，进行多次梳理，不断优化整合的过程，从而不断加强自我修养。

在中国古代，知识被分成两类，一类是充满技术含量的，如骑马、射箭等；另一类则是充满价值性的，如个人修养、家庭和谐、治理国家等。然而在全球一体化的今天，越来越强调的是技术的革命、科技的发展，然而具有价值意义的传统意义上的“知性德育”却变得越来越微乎其微。这不禁让人汗颜，中国自古就有很好的“内省”文化，然而在今天这高速发展的时代面前，知识分子难以脱离社会、脱离现实，只空谈仁义美德，不注重经济收益。我们都清

① 黄文胜．以德治学：增强高校思想政治教育实效性的基础［J］．法制与社会，2018（21）：186-187.

楚，每个人既是社会的构成部分，同时社会也会反作用于每个人，影响每个人。因此，当一个人对自我的反思也可以理解成为对社会乃至现状的一种反思和审视。因此，当今每位青年学生更应该构建属于自己的“内圣外王”，“修己”才能“治人”，“治人”必先“修己”，从而做到反思自我，适应社会，成为不随波逐流、有个人见解的人才。

现实社会中有太多的不确定性，规划没有变化快，这就摧毁了传统意义上给人成长成才设立的固定目标，俗话说得好：“条条大路通罗马”，个体在自我成才过程中会面临很多种选择。中国哲学有着深厚的反思基础，“学而不思则罔，思而不学则殆”。青年学生应该在社会转型时期主动适应这种变化，在不断体验中形成对自我和社会关系的理解和认识，只有经过反复思考，去伪存真，才能适应社会种种的不确定，才能为自己人生设立新的规划和目标，

青年学生反思自我是提高自我修养的重要内容。因此，反思自我必须做到实事求是，来不得弄虚作假。恰若曾国藩所言：“知己之过失，即自为承认之地，改去毫无吝惜之心，此最难之事。”①人最关键的是清楚自己的错误，能承认错误并且改之，这是最难的。青年学生自我反思不能脱离实际，远离实践基础，停留在纯粹的思辨过程中，而是应该根据自身特色和长处，认清自己在社会中所处的位置，从而体验真实自我价值的存在。只有当青年学生体验到自我价值的存在，才能够帮助他清醒地选择能够实现自我价值的行为，

① 王小松．略论毛泽东思想来源［J］．理论观察，2015（2）：11-12.

从而提升自身思想境界。总之，自我反思能够提升内化个人的精神境界，只有精神足够强大，才能形成高尚的道德品质，唯有目标方向清晰，才能在遭遇挫折和困难时，一直为了理想和信念坚持下去。

反思自我并不是脱离了实际，漫无目的地空想，而是每位青年学生根据日常生活，立足现实的一种思考。自我反思主要包括两个方面。一是指青年学生自我内在修养上的反思，主要包括自己的学习能力、意志恒心、执行能力、适应能力等，即所谓的“内圣”。所谓学习能力，并不在于技能掌握的高低，而是一种能够主动学习的习惯和态度。青年学生掌握学习力，有助于他们可以根据自身需要，及时掌握所需要的知识技能。意志恒心也是一个人获取成功不可缺少的能力之一，每个人会在人生的长路上面临各式各样的问题和困惑，当濒临崩溃的时候，唯有意志恒心帮你支撑，助你走出困境。执行能力也是非常重要的，曾有一则笑话描述“拖延症”，做事只需要五分钟，然而打起精神做事却需要五小时。因此，青年学生不能老是做思想上驰骋的勇者，而是要落实在具体行动上。适应能力也显得十分重要，每个青年学生都是背井离乡、远离父母、兴怀梦想来到大学校园的，有的同学很快就适应了校园的生活，而有的同学却迟迟融入不了，这其实就是一种适应力欠缺的行为，只有很快地适应当前的环境才能更好地生存下来。二是指青年学生应当对影响自我修养的外在环境的一种反思，虽然改革进入了深水区，当前社会中还存在着一些不尽如人意的现象，但是机遇也与此并存，恰逢改革开放、百废待兴的时代，青年学生会有更多的机会和挑战，即所谓的“外王”。反思自我要求对身处的社会环境进行反思，不受社会负面因素的影响，明确努力的方向，积极地实现人生的价值，才能不断提升人的精神境界。

第三节　青年学生自我修养的目标是重塑自我

重塑自我就是解决如何培养个人修养，使一个人成为真正意义上有修养、有道德的人。重塑自我就是指在社会环境中对自我进行改造，去实现自我价值的整个过程。青年学生经过正视自我，认真地分析自身的缺点和不足，同时通过反思自我，多次内心体验和总结经验后，主动地适应社会环境，在重塑自我中去完善自身的人格，提升自身修养。重塑自我要充分发挥个体的主观能动性，在社会实践的过程中，及时调整提高自我修养的方向，形成一个不断提升自我修养并追寻自我修养方向的全过程。这个不断寻觅的过程，不仅能够帮助青年学生提高自身的道德品质，而且能够继续督促高等教育朝着行之有效的方面迈进，即对高等教育为何而生的反思。能够使高等教育更加关注人的精神层面，提高人的道德水平，而不仅仅只局限于知识、技能的传授。青年学生的理想和抱负是在重塑自我过程中实现的，这一过程，是艰辛的，是重塑新生的，是不断对自身优化、改造升级的过程。青年学生重塑自我要从以下几个方面做起。

一、人文素质的提升

一是青年学生应该重视科学精神与人文素养的融合。美国匹兹堡大学史学系、社会系许倬云教授曾指出："如果社会上只有科技，没有人文，那科技只是一种工具性的科技，一种找不着目标的科技，一种忽略存在意义的科技，其最终的发展后果，就是会出现不择手段的科学怪人、科学狂人。一种没有人文的经济发展到最后，就会形成不管人性只管利益，为了更大的收益就去奴隶别人、侵略别人。"青年学生应该很好地权衡科学教育和人文教育两者的关系，不要厚此薄彼，要将两者有机融合为一体来应对社会上的各式问题。青年学生将以往功利性地只注重学习专业技能，转变为全方位地提升个人素质，成为既具有较高的科技素质又具有较高的人文素质的人才。让青年学生具有较高的人文情怀，能够运用他们所学的知识为社会、为人民谋福利。

二是青年学生应该将人文知识的学习和人文精神的培育结合起来。在人文素质教育方面一直存在着这样一种错误的理解，简单地将人文知识的学习和人文精神的培养画等号。青年学生单纯地认为听听人文讲座，读读人文书籍，自身的人文精神就能得以提高，这种认识只是一种表象。个人有丰富的人文知识是不够的，只有提升人文精神才是目的，正所谓"人文知识，体之行之，才成为人文精神；人文精神，说之写之，就成了人文知识”①。人文知识是知，人文精神是道，青年学生具有丰富的人文知识，并不意味着具有人文精神，只是知识结构得到丰富，知识视野得到了拓宽。培养青年学生人文精神真正的目的就是使其达到知耻尚美、遵纪守法的精神境界，并逐步将其深化形成正确的价值观、人生观和世界观。

二、道德修养的养成

一是良好的道德品质能助人实现远大的目标。青年学生道德养成光靠口头上的宣誓是很难达到现实意义上的效果，脱离实际的理论宣讲也很难真正让人信服。在实践过程中，必须使青年学生清醒地认识到遵守道德规范，不是简单的口号，而是一种内在力的约束，是个人获取自身长远利益必须所承受的。因为每个人都是有目的性的，有长远的目的和近期的目的。自觉遵守道德是实现长远目的的前提和保障。如“金钱至上”的功利主义，虽然也可能在短期获取个人成功，个人在物质生活方面挥金如土，但如果要从长远来看，这个短期效益是不可能坚持很久的，同时这种行为也是不被社会、民众所认可的。青年学生自觉践行德行，才能保证能获得相应的道德回报，正因为能获得相应的道德回报，青年学生也愿意自觉践行德行，这就是所谓的“善有善报、恶有恶报”相应的道德奖惩机制。要将道德奖励机制融入青年学生日常的行为规范中，使青年学生在

① 李明高．理工科高校人文素质教育课程体系的构建［J］．淮阴师范学院学报（哲学社会科学版），2008（3）：406-410.

学习和生活中自觉体现道德理念，自觉遵守道德标准，只有这样才能使青年学生真正提高道德品质。

二是道德观念需渗透到道德实践中。这样才能防止知行虚妄，知行合一才能做到内心世界的真正统一，理论只有与实践相结合才能发挥作用，道德培养就要求青年学生必须将道德观念融入具体的道德实践中，通过日积月累才能做到认知统一、言行一致。要想青年学生具有道德责任和道德义务，使道德成为青年学生自觉遵守的行为，就必须让青年学生对道德的标准能够产生自我认同，如青年学生自己遵守课堂秩序，上课不交头接耳、窃窃私语，这虽然是一件无伤大雅的小事，但实则是一种道德修养的体现，因为这是对授课者的尊重。因此，道德要想真正不停留在观念上，就需要进行各种感恩教育、体验教育，把道德教育渗透到道德实践的具体活动中。就是要让青年学生参加一些公益事业，到农村支教、关心留守儿童等，为社会出一份力，将自己的利益回馈给社会，这也是一种道德实践的行为。同时，要让这种道德的行动得到周围人们的认可，大家肯定这种行为，决定这样做是正确的，营造一种积极向上的氛围，只有这样道德实践才能得以坚持。

三、积极向上的心理因素

一是保持平和的心境。由于青年学生正处于青年时期，社会经验相对不足，在遭遇困难和问题时，通常很难及时控制住自己的脾气，容易因为冲动、不假思索导致暴力犯罪的发生。因此，青年学生应该有意识地懂得控制和调节自己的不良情绪，在遭遇外界刺激时，先思考几分钟，要让自己烦躁的情绪冷静下来，然后再妥善处理遭遇的问题。道理虽然很简单，但真正遭遇问题时，很难从暴躁的情绪中抽身出来，这就需要每位青年学生充分调动自身的潜力以及控制心境的能力，来克服心理上的矛盾。同时，要懂得用平常心看待问题，既不要过分地自尊，又不要过分地自卑。2018 年 6 月 14 日，中科院发生杀人事件，周某因为谢某两年前在同学会上的“开导”而记恨，萌生报复动机。这个案件的导火线源于同学会上的“开导”，触及了周某强烈的自尊心，再加之心理扭曲，他认为自己被人轻视，而萌生歹念、蓄意报复。青年学生通常过分地看重自己，觉得自己的尊严是不能被侮辱的，自己的愿望是必须得到满足的，但在现实社会中，会时不时遭受到挫折和困惑，使他们原本的优越感被冲击，要么怒不可遏，要么心灰意冷。这其实就是缺乏平常心，对自己定位不够正确的行为，要将遭遇的问题看成人生的一部分，是每个人都必须经历和面对的，这样才能更为坦荡地面对挫折和困惑。

二是正确地处理人际关系。笔者在与周围学生交流过程中发现，人际关系的好坏在青年学生校园生活中起着十分重要的作用。青年学生常常会因为与寝室室友的摩擦而抱怨，常会觉得自己与现实环境格格不入。青年学生应在人际交往中有意识地培养好自己的性格。一般说来，良好的性格更能获取好的人际关系，而以自我为中心、缺乏责任感、虚伪固执、冷漠孤傲、狂妄自大等性格则不利于人际交往。同时，青年学生要学会沟通、善于沟通，要注意用善意、符合事实的语言去评价他人，注意表达的方式方法和环境场合。

三是妥善处理恋爱关系。青年学生正处在身心逐渐成熟的时期，要根据青年学生本身的特点，及时地引导他们。首先，要让他们树立远大的理想，美好的爱情是建立在远大理想的基础上，优秀的自己才能找到心目中优秀的他（她）。鼓励他们在不耽误学业的同时寻求爱情，情侣之间更应该彼此相互鼓励，共同努力，不要因为谈情说爱耽误了学业。当不得不面对失恋时，要懂得自我调节，学会放下，合理控制自我情绪。切不要因为失恋或追求不成而自暴自弃、心生怨恨、萌生报复，应该妥善处理好两人的关系和矛盾。同时，青年学生在恋爱动机、择偶标准等方面也存在着盲目性和不确定性，这与青年学生自身阅历不足有很大关系。青年学生应当有意识地多参加一些有助于身心发展的活动或讲座，拓宽自己的视野和见识，充实个人的人文修养以及品味爱好，不要因为空虚寂寞，老把个人精力浪费在游戏爱情上。不妨多借助一些优秀的文学作品和经典影视作品，引导自己体验健康文明的校园爱情。

第二章 “以德育人”的家庭环境是预防青年学生犯罪的重要防线

家庭是预防青年学生犯罪建立起来的第一课堂，是预防青年学生犯罪的重要防线之一。家庭的道德养成是青年学生健康成长的先决条件，良好的家庭教育方式方法是青年学生树立健康人格、适应社会生存的重要保障，对预防青年学生犯罪起着至关重要的作用 。

第一节 培养良好的道德情操

一、注重言传身教的作用

言教是指提高受教育者对个人道德认知的方法，在现实家庭教育环境中，培养青年学生成长成才“身教胜于言教”。每个孩子出生，家长都是孩子的第一任老师，孩子通过与家长的认知模仿、内化机制，最终形成自己的道德意识和道德品质，家长身上的优点和缺点直接投射在孩子的个性和品德上，“以身作则”实则是家庭道德教育过程中必须遵循的最基本的原则之一。常规来讲，父母都在一定程度上，向好的方面积极引导和教育孩子，但殊不知“做人”比“教人”更重要。曾有一篇报道就这样描述父母对子女的教育，“你每天要求自己的孩子成绩冲进班级前 10 名，却自己天天在单位昏昏庸庸、消极怠工”，试问一个自身都不优秀的父母怎么要求自己的子女优秀。因此，教育学在家庭这个氛围中，强调的是“做”的教育学。同时，家长要自己具备稳定的情绪，不要将工作、生活中的负能量带给子女，要在子女面前保持乐观开朗、积极向上的品质，要以思想品德上的示范、业务工作中的表率、尊老爱幼的榜样、勤俭节约的模范来帮助子女健康成长。

二、加强道德情感养成

所谓“知之愈深，爱之弥切”，认知是情感的前提和基础，深刻的认识才能产生真挚的情感，认识对情感有着制约作用。培养道德必须从道德情感入手，提高子女整体道德情感以及个人的道德认知水平。在家庭教育中应该坚持灌输“寓情于理”“寓理于情”的观念，在感情中融入道理，在道理中融入感情。如，在日常生活中，家长要懂得对子女进行合理的引导，看见社会中的好人好事，家长要对这种行为进行称赞，对这样的行为表示认同，引导子女在道德情感上也认同并支持这样的好人好事，并且自觉向这样的行为学习。

同时，要对子女自觉遵守道德的行为进行表扬，要让子女在表扬声中自觉践行有道德的行为。如生活中的小事，给老弱病残让座，要对子女进行称赞，助人为乐的事情是成全了别人，造福了社会，自己也收获了“想他人所想，急他人所急”的快乐。要常用英雄的榜样去教育和感染子女的心灵，要让子女自觉按照自己钦佩的先进人物、劳动模范来规范自己的言行举止，引发道德情感的共鸣。

三、重视心灵交流，进行日常训练

在对子女的品德教育中，日常心灵交流显得尤为重要，子女的道德情感来源相对单一，涉及的范围多为身边的小事。子女会根据家长的情绪感染作为自己的情感交流，如家长用社会道德的标准来要求自己或是别人的行为，这种行为从客观上也影响着子女的判断标准，丰富着子女的道德心灵。部分青年学生反映无法与家人沟通，觉得自己与父母有代沟，自己的行为得不到父母的理解支持，这其实就是一种缺乏道德心灵交流的行为。家长应当加强与子女的心灵交流，要让孩子的赤诚之心得以保持，如子女热衷于公益事务、救助小动物，应当给予鼓励，而不是泼冷水，觉得搞好学习比投身公益更重要，不要将自己的价值观强加给孩子，让孩子保持住道德的初心，不要受世俗所影响。在实践过程中，我们不难发现，如果家长这方面做得比较好的，孩子多热情友好、活泼开朗；反之，孩子则表现得阴郁沉默、缺乏责任心、缺乏同情心、缺乏担当意识等。同时，重视日常训练，强调将道德“做”给孩子看。在生活情景中营造德育氛围，亲自带领孩子参与实践和体会。如培养勤劳的品质，让子女承担力所能及的家务事，而不能因为抱着做事耽误学习让子女养成“衣来伸手饭来张口”的坏习惯，当今社会上出现的“巨婴”，多为能干的父母娇惯出的懒惰的孩子。只有这样日复一日的训练，当习惯成自然后，子女将自觉按照道德的标准行事。

第二节　确立科学的教育方式

一、家庭教育注重民主平等原则

佩尔玛（Palmer）等人通过研究发现父母教养方式是子女犯罪的最显著预测因子。青年学生作为即将迈入社会的青年，有着逐渐趋入成熟的思维方式，希望独立自主地处理事情。因此，在家庭教育过程中，客观理性地制定家庭教育计划。在传统家庭教育过程中，大多数家长往往从自身经验出发以自己的价值观、道德观为客观评判依据，很少从实际水平以及社会需求出发，这样就会使得教育的结果与教育的初衷背道而驰。首先，家长要充分尊重青年学生成长规律，根据青年学生成长的心理特征、生理特点，有的放矢地实施家庭教育。要实事求是地客观分析青年学生当前的心理状态、个性特征、兴趣爱好以及擅长领域，及时准确地调整子女成长成才的教育理念，要注重青年学生的接受适应能力，不要强迫青年学生被动接受家长的观点，要合理引导青年学生通过自己的实践经验自然地获取身心的发展。其次，要让青年学生积极主动地参与家庭教育全过程。每个青年学生都有其独立的人格，家庭教育不能具有强制性，孩子不能任由家长随意摆布，强制灌输的教育做法往往会适得其反。因此，家长要与青年学生做朋友，不要事事都凌驾其上，要让青年学生能够主动向家长倾诉自己遇到的问题和困惑，可以应用中国公安大学李玫瑾教授的“三比一原则”，就是三次沟通中家长能有一次满足孩子，让他知道与家长交流沟通的重要性，要充分尊重他们的个性、需要以及愿望，要营造良好和谐的家庭气氛。再次，家庭教育还应当重视青年学生情商的培养。情商不只是我们简单理解的人情世故，而是包含着个人在情绪、情感、意志力、抗挫力等方面的综合品质。家长除了要关心青年学生在校期间的课程学习之外，还应重视以健全人格和高尚道德情操为目的的情商培养，情商水平的高低直接关系到个人能否获取长远的成功。家长应当合理引导培养青年学生的情商，帮助正确处理人际关系能力。最后，民主平等原则并不与“长幼有序”的传统家庭伦理观相违背。“长幼有序”并不能单纯理解为什么事情都家长说了算，而是强调的为人处世的基本道理，让青年学生具有爱心、孝心，具有家庭责任心和担当意识，懂得感恩和回报社会。

二、家庭教育重在相互影响共同成长

家庭教育实则是一种互动影响、共同作用的过程，家长除了担任对青年学生实施教育的施教主体外，还需要担任青年学生逐渐有自己独立自主的主观意见的受教育方。家长的教育必须跟得上具有较高文化水平和理论功底的青年学生子女，不能简单地停留在“碎碎念”的教育范畴里，应当注重提高自己的教育认知水平，做到教育过程有理有据，以理服人。一般来说，子女进入大学后，家长会格外留意校园文化建设、校园氛围营造以及社会上出现的焦点热点问题等，也会通过自己子女进入大学校园后表现出来的和以往不同的思想观念、道德取向、精神状态来间接掌握社会的主流思想和文化动态。这一过程实则也提高了家长自身的素养和水平，教育孩子的同时提高了自己。传统型的家庭教育往往忽略家庭教育的双向互动性，要么简单地把家长置于绝对权威的地位，片面夸大其威严；要么家长彻底沦为青年学生子女的奴隶，被子女指来喝去。有的家长，在子女没上大学之前，恨不得天天钻进子女脑袋里学习，学这样报那样，一旦子女考入大学，家长则松一口气，认为教育到此结束，孩子已经有能力自我管理了。有的家长认为自己辛苦挣钱才能给孩子创造好的物质条件，让他们好生学习，殊不知拼命挣钱的同时忽视了与孩子的交流和沟通，对孩子的心理状态、思想境界不能及时掌握。有的家长则认为上了大学，孩子就交给了学校，自己培养的义务到头了，孩子有什么问题、出现了突发状况，不是从自身找原因而是找学校闹，认为是老师没教育好。这些实则都是错误的教育观念，忽视了教育过程具有双向互动性，教育子女的同时也在提高自己，忽视了教育是一个终身学习的过程。正因为家长放弃了提高自己能力和水平的机会，随着子女的不断成长，家长就会发现子女越来越难管，越来越难以沟通，最终导致亲子关系的背道而驰。其实，真正的教育需要“活到老学到老”，家长应该与青年学生子女一道共同成长，时刻注意教育子女的同时努力提高自身素质和文化水平，这不仅可以很好地起到言传身教的作用，更能做到自我修行、自我完善、自我提高。要掌握正确家庭教育理念，运用良好的教育方法，要与子女做朋友，对于他们正确的观点要支持，而不要老认为子女是你的附属品，他的行为就应该受你支配，这样才能形成良好的亲子关系。

三、家庭教育防止过度教育

当前中国这一代青年学生，多数为倾注家庭成员全部心血、精力培养起来的，他们通常是“两手不沾阳春水，一心只读圣贤书”，家长包办了家庭中所有的家务事，他们的宠溺不科学、无原则、无底线，只希望孩子有更多的时间去学习去读书，殊不知这样教育方式使青年学生生存能力低下，适应能力不强，往往是“学习的能手，生活的白痴”。有的家长倾注家庭全部财力为子女购买一处学区房，只是为孩子能够上一所重点小学、重点中学，他们认为一所重点小学意味着教育有优质的启蒙，重点中学意味着能够迈入一所重点大学，而一所重点大学意味着孩子能够找到一份好的工作。有的家长则是帮孩子报了无数的补习班，上至英语奥数，下至游泳网球，子女唯有的休息时间都泡在奔赴于各大补习班的路上，还美其名曰“不要让孩子输在起跑线上”，这样夜以继日地将精力花费在各类学习上，试问哪有时间精力关注于孩子的意识形态、道德品德。过度教育实则忽视了教育的真正目的，我们是培养一个人云亦云的人，还是培养一个有独立意识的人；我们是培养一个有高尚情操的人，还是培养一个平庸世俗的人；我们到底是在培养孩子，还是满足家长的焦虑。教育并不是家长事事包办，孩子从小样样学现成，并不是成绩好就等于一切都好，培养孩子做一个高精尖人才生活的“巨婴”，不要让你替孩子走的路，最后都成了孩子人生道路的“坑”。要适时立好规矩，从吃饭、穿衣、吃零食、买玩具等小事入手，培养孩子养成延迟满足的习惯，懂得克制诱惑的品质。要让孩子适当从事一些家务事，不能让他们养成懒惰享受的个性。

第三节　创设和谐的家庭氛围

一、培育和谐家庭

据《2018 年中国婚姻状况、全国各省市份离婚率排名、离婚因素及离婚案件分析》统计，2017 年上半年有 185 万对夫妻离婚，这意味着有多少孩子失去了完整幸福的家庭，多少孩子长期处于父母互相指责、辱骂、肢体冲撞、充满火药味的矛盾冲突中。这些家庭的孩子亲身经历了父母婚姻的悲剧，心灵遭受了严重的创伤，非常缺乏安全感，对今后自己爱情和婚姻产生了认知上的偏差，最容易出现叛逆心理甚至暴力倾向。夫妻吵架时常常非常冲动，在子女的面前，脏话坏话脱口而出。子女在这种充满争吵的家庭中成长是灾难性的，他们不知所措严重缺乏安全感，甚至将父母吵架、打架的原因归因于自己。布莱克（Black）通过一系列研究表明，家庭功能与问题行为之间有直接关系，离异家庭子女问题产生的原因是源于冲突家庭环境，当家庭环境转换为稳定时，问题行为就会减少。同时，子女的模仿能力极强，父母吵架时的神态、语调甚至用语他们都能一一模仿到。在今后与人相处过程中，有的孩子认为吵架和打架是解决问题的好办法，更有甚者为了引起父母的重视、关心，他们会采取一些过激出格的事情来赢得父母的重新关注，如装病、打人、厌学甚至自残等。所以，父母在家庭中是子女最信任的依赖对象，对子女的人格发展将会产生重要的作用。家长要想子女拥有良好的品格、健康身心以及一个灿烂的前途，首先，必须建立起一个和谐、稳定、温馨的家庭氛围，当夫妻双方婚姻出现问题时，要及时沟通，多从自己身上找原因，及时调整和改善，不要让关系进一步恶化，更不能轻言放弃。同时，父母双方都要保持对婚姻的忠诚度，抵御婚外恋、不伦恋的发生，不要将生活中的不和谐当成出轨的借口，更不要在子女面前暴露其婚外情，使子女正确婚姻观以及对父母的依恋彻底崩塌。其次，夫妻双方要尽量减轻发生矛盾和冲突的频率、次数，降低冲突的强度和激烈程度，避免在子女面前发生争执甚至打架，当真的发生避之不及的问题时，可以尽量控制吵架的音量和打架的暴力程度，尽量将对子女的伤害控制在最小范围内。再次，当矛盾冲突避免不了，应该给子女做出合理的解释，告诉子女父母的争吵与他们无关，父母只是观念和态度上没能达成统一，只是希望达成共识，父母也不会因为争吵降低对子女的爱，子女永远都是父母的孩子，等等。最后，婚姻中的矛盾，夫妻双方要解决沟通，不是原则性的问题，可以通过包容合理解决，其实婚姻生活本来就很难界定对错，无非是在鸡毛蒜皮的家务事中产生的意见不统一，一段幸福的婚姻都是在双方包容中继续前行的。

二、营造爱的家庭港湾

许多单亲家庭的青年学生普遍表现得难以融入社会，父母的离异，导致他们比普通家庭的孩子更缺少爱，而且很难得到健全的爱，长期生活在缺失父母的家庭环境中，让他们的人格成长受到严重的影响，使他们认知出现偏差，对父、对母的感情投向单一化。因此，家长不管因为何种原因离婚，不管当时离婚后自己有多消沉，也要从子女健康成长的角度，尽力减轻破碎家庭对子女的影响，改变沉闷抑郁的家庭氛围，调整好自己的情绪和心境，尽快从愤怒、悲痛、不舍中走出来。消除自己的不良情绪：家长要尽快从婚姻的失败中走出来，更不要因为对方的错误而迁怒子女，这样才能促使单亲家庭亲子关系良性发展。同时，单亲家庭要重视科学的教育理念：纵容和溺爱是很多单亲家长的通病，他们总是认为失败的婚姻对子女的影响是最大的，只要子女一有要求，他们不管正确与否都一味满足，尤其是在经济方面的投入，为子女买昂贵的服装，给子女大量的零用钱，报最贵的兴趣班，等等，他们企图将“感情的亏欠”与

“金钱的给予”画上等号。然而，在最为基础的情感投入和思想交流方面却往往重视不够，由于家庭的离异，孩子、家长长期不能相处在一起，这样长期缺乏思想沟通的直接后果就导致孩子缺乏了生存最为基本的独立性和自主性，性格层面容易养成孤僻任性、偏激自傲的弱点。还有的家长，或是对上一段婚姻的愤怒，或是为了尽快投入新的生活，对子女的教育往往表现得随意任性，更有甚者直接将养育的任务转嫁给了祖父母，让老人代为抚养，这样导致的直接后果就是要么这种越俎代庖的隔代教育产生骄纵的“小皇帝”“小公主”，要么就是产生无人问津的“弃婴”。还有的离异家庭的父母对子女的教育简单粗暴，只要子女稍有不从便对孩子进行谩骂和体罚，将婚姻中对方的过失迁怒于子女，这样教育的结果直接影响孩子在认知方面的发育，降低他们对事物的判断和分辨的能力，影响他们的自信心和决策力，增强他们的羞耻感和无助感。正确的家庭教育应该是平等地对待子女，既不要过分溺爱他们也不要忽略他们，要让他们有充分的自主选择权，能够选择自己感兴趣的事情，并能体会到成功的喜悦。提倡家庭民主，民主能够促进单亲家庭家长与子女之间的沟通，使亲子关系更为和谐，家庭氛围更为融洽，有利于促进孩子们养成自尊心和自信心，从而对自己提出更高的要求，促使家长的意图可以正确地引导子女，同时，家长要与孩子做朋友，帮助他们形成独立的个性和人格。同时信任他们、尊重他们的选择，让他们有自己爱好和兴趣。只有这样，才能营造一个良好的家庭氛围，促使单亲家庭子女朝着积极、健康的方向成长。

第三章 “以德树人”的学校环境是预防青年学生犯罪的主要阵地

高等院校必须担负起“树人”的历史使命，坚持“以立德树人为根本，以理想信念为核心，以社会主义核心价值观为引领”，构建起“以德树人”的高校环境。不断加强对青年学生道德引导、思想政治教育、法制教育以及心理健康教育，不断提升高校的管理水平，不断推进校园文化建设，使青年学生树立起正确的道德观、人生观、法制观，从而自觉抵制社会上一些不良因素的影响，发挥出预防青年学生犯罪的重要作用。

第一节 高度重视道德教育

一、道德教育的目标应更贴近学生

对于我国学校德育目标，我们不难发现，更多的是从国家、社会、集体的角度出发，而非从学生的个体出发。因此在现实教育过程中往往是差强人意，事与愿违，希望达成的目的和最终实现的目标不一致。高校道德教育的真正目的是培养青年学生形成积极向善的品质，让他们养成“有善心，行善行，做善事”的品格，做一个有着高尚品德的人，远离犯罪行为。

一是要将道德教育总体目标与具体目标相统一。高等院校德育的总体目标是要求学生可以运用马克思主义的原理，思考问题以及解决问题。具体目标则表现为希望可以培养青年学生形成良好的个人行为习惯以及独立思考的能力以乐观向上的心态积极面对生活中的问题，有热爱学习、自主学习、不断学习的习惯，热爱生活、感恩生活、回馈社会，等等。因此，高等院校德育的目标不仅要考虑实现国家对于人才培养的总体要求，同时也关注了青年学生自身的特点、成长的环境、发展的阶段等。

二是对道德教育的社会、个体需要两者兼顾。道德教育过程中提倡对人性价值的重视，实则强调的是尊重学生个性的发展。道德教育的人性价值是指通过德育真正促进人的形成和发展，把自由作为人的价值取向，然而，“道德教育的社会价值则强调以社会的需要为判断标准，忽视人本身自由的发展”①。因此，在我国高等院校德育工作，有人强调的道德教育目标是“以个人为本位”，有人强调的道德教育目标是“以社会为本位”。“以个人为本位”认为德育工作应从个人的角度出发，这样才能促进人的全面、自由、和谐的发展，

① 肖川．主体性道德人格教育目标构建的依据［J］．南京师范大学学报（社会科学版），1999（6）：67-71.

"以社会为本位"则是认为德育工作是为了维护社会稳定，是为社会健康发展服务的。其实，这两者的关系并不是只取其一，而是相辅相成、共同存在的。社会道德目标也必须随着个体道德目标的不断实现和进步，才能得到进步和发展。尊重个性发展是道德教育的重要命题之一，道德教育应以个性为起点，并将其扩展到多方面。[①]在过去一段时间，受诸多社会因素影响，我国曾过多地强调道德为政治服务的理念，这虽无可厚非，但更多的体现以社会为本位的道德教育的诉求，忽略以个人为本位的道德教育，与追求青年学生全面发展促进社会进步的理念相违背。我们应该正确地看到个人与社会的关系，将个人目标与社会进步相统一，每个人都作为社会的一个"小分子"，社会的进步发展必须依靠每一个小分子的个人推动；社会的进步，也可以使个人生存在一个更为文明的环境中，更能使个人的利益、诉求得以保障，也能更好地促进个人目标很好地实施。因此，个人道德素养的提高可以有效促进整个社会的道德水平，而整体社会道德水平的提高也有助于督促和监督个人道德修养的养成和改善。

三是道德教育应做到理想与现实的统一。通过道德教育让青年学生首先学会认识自我、正视自我，让他们将道德知识和道德行为融会贯通，做一个平凡、向上、有温度的人。在大学的学习生活中，要做到有责任心、有担当意识；热爱学习，既有执行力又有创造力。在行为和习惯方面，养成良好的生活和卫生习惯，热爱劳动，喜欢

---

① 李其龙，郭官义．赫尔巴特文集（第1卷）［M］．杭州：浙江教育出版社，2003：56.

参与公益事业。在意识层面，遵守法律，有明辨是非的能力，能够自我控制和约束自己不从事不法的事情，同时，对不法行为不包容、不隐忍、不姑息。在人际关系方面，能够和谐地与周围人相处。当然这些可能都属于我们平常生活中较容易实现的目标。随着年纪的增加、人生阅历的增强，道德修养水平也应当随之不断提高，不仅仅是对道德知识、理论的掌握，更能独立自主地选择道德认知，不为现实所动，不为世俗而变。

二、道德教育的内容应贴近生活

学校道德教育内容应从促进人的自由发展方面进行选择，培养人“真善美”的道德属性。同时，我们也应当知道道德属性并不是与生俱来的，它需要不断地从后天中学习养成。作为现实生活中的个人，生活本身是人存在和发展的重要内容，生活也是促进道德成长的重要因素之一，高等院校道德教育应当以生活为契机，引导学生感受、感悟生活，在生活中习得经验，不断探索自我，追寻自我，最终完善自我道德修养。胡塞尔曾说过，“生活世界得益于我们生存其中，一切活动和构造都能产生现实而具体的环境”①。进入近代社会以来，科技让人们的物质生活得到翻天覆地的改变，使得人们惯用于科学的、量化的、理性的方式去思考、认识事物，却忘记了常识来源于生活，有的东西只能通过对现实的感受和体验才能悟出。

① 潘斌．胡塞尔的“生活世界”与马克思的实践哲学［J］．华中科技大学学报（社会科学版），2005（1）：41-45.

教育源于生活，不应当从生活中割裂、划分出去。道德教育的真正目的是劝人向善，积极引导人们自觉遵从道德的标准，使整个社会更为和谐幸福。

高等院校的道德教育也更应当回归到青年学生生活的本身，不只是在课堂上大谈特谈高深的理论，而是让他们多投身于社会实践，多参与公益事业，多去今后即将从事的岗位去实习、去体验，这样才能让他们真正了解到生活的真谛。第一，高等院校可以开设社会实践、“三下乡”等多种形式的课程，让青年学生参与到现实中去，体会不一样的生活。俗话说得好“实践得真知”，青年学生在社会实践中，不断认识自我提高道德水平，最终形成正确的价值观。第二，高等院校在道德教育内容方面，应多从学生的角度思考问题，到底学生感兴趣什么，从学生的校园生活、心理特征、兴趣爱好等方面下功夫，让学生在乐学中掌握道德的真谛。第三，还应关注网上道德教育，当前信息技术的飞速发展，簇生了大批网络虚拟产品，随着而来的不良信息也充斥在青年学生周围，再加之部分青年学生缺乏分辨是非的能力，很容易被带入歧途。因此，应多给学生提供有益意见并予以恰当的指导。第四，道德教育应多让学生参与其中，让青年学生对道德教育的内容开展讨论和辩论，并选择自己较为认可的方式或内容，这种让青年学生积极参与的方式，可以加深他们心灵上的认同和共鸣，提高道德教育的成效。

三、应融合多种多样的道德教育方法

孟子云："事必有法，然后可成。师舍则无以教，弟子舍则无以得。"① 这句话的意思是：每件事情都会有解决的办法，如果方法正确，事情就能很快得以解决。老师如果没有好的方法是教育不好学生的，学生如果没有掌握好的方法也一定学不好。因此，道德教育要想效果明显就必须注重方式方法。从本质上分析，道德教育的方法本身并没有好与坏的区别，道德教育方法要想真正取得成效，必当受制于诸多因素。马卡连柯曾指出："世上既无十全十美的方法，也无一定有害的方法。"② 任何一种道德教育的方法并不是所有道德层面的问题都能解决，它并不是"万能钥匙"，作为一名高校教师，必须根据学生的特定、当前的教育现状，采取灵活教育形式，这样才能使道德教育达到最理性的状态。苏霍姆林斯基指出："要知道学习别人的优秀经验，并不是简单地把别人的方法和方式，照搬到自己的工作中去，而是要移植其核心的思想。"③ 根据我国现有的道德教育的现状，只有采取适当的道德教育的方法，才能更好地弥补我国道德教育成效不高的问题。

第一，可以运用"科尔伯格的道德两难故事"讨论法。科尔伯格认知结构主义学派代表人物，通过对道德两难故事问答讨论，使

---

① 朱熹．孟子集注［M］．北京：中国社会出版社，2013：34.

② ［苏］马卡连柯．论共产主义教育［M］．刘长杉，译．北京：人民教育出版社，1981：124.

③ ［苏］苏霍姆林斯基．给教师的建议（全一册）［M］．杜殿坤，译．北京：教育科学出版社，2013：114.

讨论者对道德问题进行积极地思考，从而在道德冲突中寻求正确的答案，切实有效地提升讨论者对道德的判断力。道德发展与认知发展处于相互关联、相互作用的关系，教师通过对青年学生开展道德两难问题的讨论，引导他们认知方面的冲突，形成积极的道德思维，从而促进他们道德判断能力的提高。例如，一是设置两难问题，类似“海因兹偷药”的故事，现在最流行的《我不是药神》电影内的场景，卖仿制药违法，不卖仿制药病人丧失生命。二是运用《道德测量量表》，掌握当前青年学生道德发展所处的阶段。三是根据《道德测量量表》测试的结果，对被测试的青年学生进行分类，并指导他们做出选择。四是教师对学生的讨论进行必要的指导，引导青年学生对两难问题有正确的认识。五是根据分类进行讨论，在讨论的深入阶段，要澄清自己的观点，表明自己支持的立场，引导道德水平相近的青年学生进行观点方面的比较，从而达到提高道德判断水平的目的。① 科尔伯格的道德两难故事讨论法最终的结果是在集体讨论的基础上形成的，希望通过道德判断和道德实践的统一，有效地发挥集体智慧、个人能力在道德发展方面的协同作用，这一办法能够有效提高青年学生自我管理能力以及自觉遵守法律规范和社会道德评判标准。②

第二，可以运用道德对话法。在 20 世纪 90 年代，加拿大教育家克里夫·贝克（Clive Beck）提出了道德对话法。其主张通过交流对话，促进双方相互学习，通过对话使得双方的观点被更多的人知

① 彭舸珺. 当代社会生命道德教育研究［D］. 兰州：兰州大学，2013.

② 檀传宝. 道德教育原理［M］. 北京：北京师范大学出版社，2007：35.

晓。道德对话法是将道德教育由过去传统的权威灌输，转变为更为平等、自由的交流方式，只有这样，青年学生才不会觉得被强制接受，而是主观产生能动性，自觉遵守道德规范，成为一个品格高尚的人。现代的道德教育就是应该在教育实践中由平等代替强制，培养出青年学生批判和创新意识，使每位青年学生以更为乐观、积极心态建立起人与人、人与社会之间的沟通和理解的关系。道德对话法是一种更为先进的教育形式，它是对传统说教、强制灌输的教育形式的一种挑战，通过建立起更为温馨、协调的人际关系，引导青年学生相互体谅、互为尊重，彼此关怀。道德对话的方式能够使双方重新达到一个新的境界，两个主体通过对话，形成心灵的沟通，产生融合和碰撞。①

第三，可以运用价值澄清法。20 世纪 60 年代，由美国路易·拉斯思（Louise Raths）、梅里尔·哈明（Merrill Harmin）等人提出。其主要思想是指人们在社会中生活，各种不同价值观会影响人们的身心发展，现实生活中很难找到一致认同的价值观。② 因此，在这样一种状态下，高校的老师不能将价值观直接灌输给学生，而要采用评价与分析的方法，引导学生通过思考和判断形成正确的价值观体系。这种方法是要通过反省自己过去的经验、当前的生活状态、目前的生活目标及感情需求，不断选择评价和行动，最终形成自己的价值观。其最大的特点是将学生作为主体，在最大程度上调动学生的主动性和积极性，通过对自己独立的思考，评价自己和他人的

---

① 杨超．现代德育人本论［M］．广州：广东人民出版社，2005：168.

② 王岩．中美高校德育方法比较研究［D］．哈尔滨：哈尔滨工程大学，2009.

行为，最终形成自己价值观的体现。价值澄清法能从学生的角度，遵从个体自身的选择和判断，能够充分调动青年学生独立思考的能力。但是，价值澄清理论也并不是完全由学生任意地进行道德判断，整个教学过程忽略教师的全程参与，任由其放任自流，而应当注重教师对学生价值观的引导，教会学生价值澄清和选择的标准，避免学生任意选择各类价值观，产生极端个人主义的思想。① 因此，学校在道德教育过程中，应该摒弃传统的控制说服式、强制灌输式等道德教育方法，在充分尊重青年学生的前提下，注重培养青年学生健全的人格。

第二节　提升思想政治教育

“思想决定意识，意识引导行为”。思想政治教育实践育人是否真正取得成效，关键在于提高对思想政治教育的认识。高等院校思想政治教育既要总结成功的经验和把握正确的思路，又要勇于创新、积极开拓，要根据青年学生的新特点和新问题，树立新的教育观念和借鉴好的教育做法，从而达到不断提升青年学生思想政治教育的效果，实现育人保障的目的。

一是坚持正确的政治方向。首先，要进行正面的宣传和教育。高等院校思想政治工作要从实践育人的角度出发，使他们不断提高

① 彭舸珺. 当代社会生命教育研究［D］. 兰州：兰州大学，2013.

思想认识，树立正确的理想信念。其次，定期召开全校性质的思想政治工作联席会议，组织听取师生员工思想政治工作的情况汇报，收集和整理师生思想动态与意见建议，并形成整改台账，分析、研判全校思想政治工作形势和师生员工思想动态，研究并解决思想政治工作中出现的新情况、新问题。最后，保障青年学生健全人格的形成。青年学生正处于人格定型的重要时期，思想政治教育要想真正取得实效，就必须要顾及对象需要，解决对象问题以及促进对象发展。① 通过实施正确的引导，使青年学生形成乐观健康、积极向上的人格。学校应安排专人担任思想政治工作信息员，具体负责青年学生思想动态的收集、分析和上报工作，便于及时了解掌握当前青年学生的思想动态，及时解决他们在日常生活和实践活动中遇到的各种问题，化解矛盾，引导个性，保障青年学生健全人格的顺利形成。

二是教学内容以学生为导向。首先，进一步完善思政课的课程标准，对各门课程的教学要求进行统一规范。授课教师需积极钻研教材，贴近学生认真组织和实施思政课教育教学。其次，授课内容要尊重青年学生自身的成长规律以及社会赋予他们的时代特点。应多和青年学生沟通和交流，摸清他们的思想和个性特征，有针对性开展思政教育，同时积极鼓励和引导青年学生投身实践育人的活动，积极调动青年学生主观能动性，培养青年学生养成探索求真的精神。最后，作为高等院校思政教育工作的实施者和组织者，要立足于青

① 吴林龙，王立仁. 论实效维度的思想政治教育本质［J］. 理论与改革，2013（3）：149.

年学生的立场上，在教学育人的有关环节中，为他们提供优良的服务，以教书育人的奉献精神和开放包容的积极态度，顺利开展实践育人活动，达到预期的效果。

三是建立一支得力的思政队伍。① 高校思政教师队伍必须是一支“政治素质过硬、理论知识牢固、实践经验丰富”的队伍，这是青年学生思想政治教育实践育人的顺利实施、有效开展的重要保障。首先，要注重教师自身思想政治素质和政策理论水平的提高。要想达到这种要求，就需要对教师进行各种形式的培训。对于那些学历层次较低以及缺乏专业背景的教师，可以通过脱产进修、定向培养的方式，帮助他们尽快提升学历层次和专业水平。而对于那些本身就具有较高学历但缺乏实践教学经验的硕士、博士教师，应当通过“老带新”的方式传授经验，加强授课技能的培训，让他们尽快掌握要领迅速投入角色。其次，广大思政教师要坚持做到教书育人的统一、言传身教的统一，潜心问道学术规范，用自己人格感染学生、赢得学生。再次，要考虑到思想政治教育工作者的切身利益，推动思政工作队伍职务、职级“双线晋升”。从高校实际情况来看，大多数思政工作者大部分时间用于应付日常管理工作，很难抽出多余时间和精力投身于教学科研，再加之有的工科院校文科本来就是弱势群体，在职称晋级方面分配的指标少之又少，因此这部分教师很难在专业研究成果方面与其他专业教师相匹敌，导致的后果就是校内津贴长期低于与自己工龄和年龄相同的其他专业的教师，使思想政

① 办好思想政治理论课关键在教师［N］．人民日报，2019-03-20（1）．

治教育工作队伍产生了不稳定性。最后，提高思政教育工作队伍的工作热情。让岗位流动起来，将有意愿的人员吸纳进来，形成吐故纳新、优胜劣汰的队伍建设机制，始终保持这支队伍“人尽其责、人尽其能”，真正实现思政工作“春风化雨无声”。

第三节 大力推进法制教育

预防青年学生犯罪。法制教育是一个系统性的工程，学生掌握的法律知识越多并不意味着他的法律素质就越高。因此在教授过程中，不能以掌握法律知识的多少来衡量，应以培养法律意识为目标，增强青年学生法律观念远离犯罪。

一是培养青年学生的法律意识为首要目标。什么是法律意识?是一种意识形态的反映，良好的法律意识能够指导人们自觉遵守社会制度，反之则会阻碍人们的社会实践活动。因此，在高校的法制教育中，培养青年学生树立正确的法律意识是重中之重。在培养青年学生的法律意识中，需要不断地加强和改进教育的途径、方法，不能只依靠单纯的知识灌输、课题讲授，还应当将理念、观点融入青年学生日常行为，帮助他们养成遵纪守法的日常习惯，形成“法律至上、自觉遵守”的法律意识，并不断地在日常行为贯彻这一意识，让遵从法律成为日常生活的行为准则。同时，也要对青年学生违纪违法的行为严令禁止，坚决抵制，巩固和强化青年学生的法律意识，只有这样才能让青年学生牢牢记住法律面前人人平等的法律概念。

二是培养青年学生的法律信仰为核心目标。法律信仰是指人们对法律规定的行为规范的自觉遵守，对法律赋予的法律精神的认同，对法律体现的人文价值的敬重。换言之就是对法律的尊崇。为什么不法商家会顶风作案，无数事实证明，一切所谓的良知、自律在资本的逐利下都显得那么渺小，不过是那些带血商家蚕食大众生命之后的一点调味品。两百年前，马克思就精辟地概述道："如果有10%的利润，资本就保证到处被使用；有20%的利润，资本就活跃起来；有50%的利润，资本就铤而走险；为了100%的利润，资本就敢践踏一切人间法律，有300%的利润，资本就敢犯任何罪行，甚至是冒绞首的危险。"① 因此，法律的信仰必须是来自人们内心真实的认同和信任，而且必须在利益面前保持初衷，不为所动。当前高等院校的法治教育多是传授相应的法律条款，忽视法律信仰培养的教育模式。要想青年学生真正树立法律信仰，必须在课程设置方面都以培养青年学生法律信仰为核心，让青年学生认识到自觉遵守法律，能够更为长远地实现个人目标，同时，只有人人都自觉遵守法律法规，才能够让自己也生活在遵纪守法的社会中，让自己的利益得以保护。

三是以培养青年学生的综合法律素质为整体目标。对青年学生综合法律素质的培养应当渗透到他们学习、生活的方方面面，是一个人所具有的法律知识、法律信念和所进行的法律实践的整体。它并不是只对法律知识的掌握，而是让青年学生逐渐形成信仰和行为

① 胡剑．北京市青少年毒品犯罪对策分析［J］．北京青年研究，2018（1）：67-73.

相统一的有机整体，只有真正心怀法律信仰，才能将法律知识运用到现实实践中去。因此，现代青年学生的法制教育应当转变思路，将青年学生法制教育看成一个整体，以传授法律知识为基础，以培养法律意识为中心，以增强青年学生法律实践能力为落脚点，从而实现青年学生综合法律素质的全面培养。

第四节 注重心理健康教育

心理健康教育对预防青年学生犯罪有着非常重要的作用，施教者要根据青年学生自身特点与成长规律，运用专业知识与相关技术，通过心理咨询、心理健康教育课程、心理健康教育活动等方法和途径，妥善解决青年学生成长过程中出现的心理问题，促进青年学生健康全面的发展。

第一，构建青年学生心理危机干预预防体系。首先，面对这些年来青年学生危机情况高发的状况，积极探索有效途径及时预防和管控危机情况的发生和发展，组建起一套危机干预三级网络。一级网络为由专职心理健康老师和校内外精神科医生，二级网络为二级学院心理辅导员，三级网络为班级心理委员，及时掌控青年学生的心理问题。其次，制定和完善心理危机干预制度，高校应当对以往的心理危机干预制度进行不断地修订与完善，制定《青年学生心理危机情况应急处置流程》，定期召集相关学院和部门研判和协调处理心理中心梳理的学生心理危机情况。最后，建立“医校联盟”，助力危机干预工作开展。心理咨询中心应与学校周边的医院建立起“医校联盟”，充分发挥校内外心理健康教育资源，多角度、多途径、多方法地致力于师生心理困扰与心理危机的化解。

第二，实施全过程心理服务和危机管控体系。一是对新生进行心理健康普教和普查。心理普查之后，按照心理健康水平将学生分为追踪、关注、警戒、高危四个等级。针对不同等级，分别实施暗中关注、团体辅导或个体辅导的形式进行二次筛查和个性化心理辅导，为学生提供个性化和有效的心理健康服务，提升学生心理健康水平。二是对于除新生之外的学生定期开展心理健康教育。一方面对各个学院的心理辅导员定期开展心理危机培训教育，旨在让心理辅导员及时发现处于危机状况的学生，动态掌握学生的心理状况。另一方面通过推进新媒体网络平台建设，着力开展青年学生的心理健康课程教育，预防心理危机的发生。三是针对毕业生开展就业心理辅导和心理危机预防教育。进一步准确掌握毕业生心理状况，并将可能的危机反馈给学院，与学院联合做好毕业生心理辅导和危机预防；专门调查统计分析毕业生心理危机问题情况；召开毕业年级辅导员心理健康工作研讨会，将此前的调查结果回馈辅导员，要求他们加强对毕业生的心理健康关注和正确引导，帮助学生平稳顺利度过毕业季，并针对辅导员开展心理工作中的困难进行答疑解难；开展以“毕业适应发展”为主题的心理健康教育讲座、就业心理辅导等，预防青年学生毕业季心理危机的发生。

第三，大力开展青年学生心理健康宣传教育。一是充分利用线下途径开展心理健康教育宣传工作，在继续用好已有的线下宣传途径之外，又拓展了新的线下宣传途径。已有的线下宣传途径包括：利用“青年学生心理健康与成长”课程进行宣传教育；充分发挥学生心理健康协会的功能，指导学生开展“开心部落”朋辈心理辅导和“心灵影院”心理电影赏析以及编辑“心晨报”等活动；利用心理健康月等与心理健康相关的节日开展心理健康知识普及宣传；利用心理健康知识讲座进行宣传教育，帮助青年学生进行学习心理培养、自我意识完善、人际交往调适、情感婚恋引导、择业困惑舒缓等。二是有效利用新媒体开展线上心理健康教育宣传。重视网站、微信、微博和易班等线上心理健康宣传途径的建设和开发。通过在微信平台中推送预防心理问题的文章，使青年学生更为便捷地掌握心理健康知识。

第四，丰富心理健康教育活动。首先，狠抓新生入校知识普及，夯实“开心入校”教育基础。持续推进大一新生心理健康工程，从源头上把好新生入学关，从“头”开始进行全面心理健康宣传、教育和辅导工作，做到三个“百分百”。一是面向新生及新生家长，积极开展心理健康宣传，向每个学生及家长发放心理健康手册。二是组织讲师团集中开展心理健康普及讲座，100%的学生参加。三是对大一新生进行在线心理普查，建立新生心理健康档案，确保 100%的学生有档可查；对普查出的“高危”和“警戒”学生开展个体心理访谈，对“追踪”学生进行团体辅导，确保 100%的重点学生接受辅导和二次排查。其次，丰富心理健康活动方式，有效开展“开心”第二课堂。一是学生社团管理“自主性”。将校级心理健康协会和院级心理健康协会相结合，学校心理中心负责活动指导、专业培训，协会日常管理和活动拟定自主进行，充分发挥学生的朋辈作用。二是心理讲座“自选性”。不断更新心理健康讲座菜单，充分满足学院和学生的个性化需求，有针对性开展心理健康讲座。三是团体辅导“经常性”，定期在校园内设立团体心理辅导。开展沙盘体验、面试技能指导、无领导小组讨论、舞动减压等团辅或工作坊。四是素质活动“多样性”。将大型活动品牌化，以满足学生心理需要，又充分调动参与热情。五是心理委员“常态性”。本科生心理委员和研究生心理委员齐头并进，一班一负责，制定《心理委员工作手册》，明确心理委员工作规范、职责和工作流程，指导学院开展心理委员选拔、工作管理，组织专业老师开展业务培训和体验活动。

第五节　构建良好树人环境

高等院校是培养人才重要的场所，要想让这个“小社会”运转正常、和谐有序，必须依靠科学化、精细化、规范化的校内管理。随着我国高等教育的不断深化改革，高等院校的管理模式和制度也随之发生了改变。但是，还有一些不尽如人意的地方。随着青年学生犯罪率的不断攀升，客观上也反映出高校在管理方面、教育方面都还存在着一些问题。因此，高等院校需要不断调整管理模式和管理制度，以适应当前青年学生教育管理工作。

一、健全学校管理制度和机制

（一）规范和完善相应的管理制度

规范和完善相应的管理制度，才能规范青年学生校内日常行为，保障他们正常的生活和学习。对于预防青年学生犯罪，首先应当完善高校的规章制度，尤其是涉及安全稳定方面的管理制度，将不良因素控制在萌芽之中，保证校园的稳定与和谐。健全规章制度的同时，应当加强执行力度。随着历史化的进程，付诸高等院校的历史使命也越来越多。高校的管理工作也面临着新的任务和问题。管理的形式也需要不断随着社会的需求而创新和改进。但是，要想真正完善制度建设，必须始终围绕高校“管理树人，服务树人”的办学宗旨，以“树人”为本，以培养全面发展的人才为目标。①

一是建立健全学校的规章制度。如《学生考勤及请假管理办法》《学生考试违纪、作弊处理暂行规定》《奖学金评审及奖励办法》等。各种制度都应划分具体的管辖范围，并应当细化具体的评价标准和相应内容。如，在《学生综合素质考评办法》中，测评内容涉及多项加分。在综合素质栏目里又包含操行测评分、德育加分；在智育素质栏目里又包含学习成绩、智育加分；在体育素质栏目里又包含体育成绩；在素质拓展分栏目里又包含文体活动、实践能力等。这些栏目的细化有助于测评起来更为科学，更便于操作。

① 王俊．我国高校奖学金制度运行研究——以激励为核心的合作育人视角［J］．思想理论教育，2018（10）：95-102.

二是要加大规章制度的执行力。学校要树立规矩意识，严肃校风校纪，加强监督和督办力度，各相关职能部门也应当履行好自己的职责，按规办事、照章行事。同时，在制度建设方面注重时效性和可操作性，制度面前人人平等，对于那些违法违纪学生应当按照规章制度处理，不能包庇纵容。只有这样奖罚分明，才能对其他青年学生起到警示作用，让他们自觉规范、约束自己的行为。

（二）进一步完善高校安全管理机制

随着青年学生犯罪呈现出的隐蔽性、社会危害性，为了进一步维护校园的安全稳定，保障青年学生健康发展，学校定期进行安全监测，落实安全责任制度。

一是建立犯罪预测预警机制。犯罪预测是指以预防犯罪为前提，不断完善犯罪预测、犯罪预警机制，有效地减少犯罪案件的发生。众所周知，青年学生犯罪行为在发生之初，都有极强的隐蔽性和未知性。如：青年学生的盗窃案件通常都是一个人去进行，发生在不为人知的时候。还有一些高科技领域的犯罪——青年学生计算机犯罪，通常更“神不知鬼不觉”，因此青年学生犯罪的隐蔽性为犯罪预防带来了巨大的挑战。再加之，高校分管学生安全稳定的部门多为保卫处，其他职能部门多负责配合，极易造成一出现问题，由于信息沟通不够畅通，学生的信息得不到及时处理，埋下青年学生犯罪的隐患。因此，高等院校更应当加强对青年学生犯罪预测、犯罪预警方面的研究，将学校的安保工作与犯罪预测预警结合起来，从而提高犯罪预防的水平。各高校应当加强与当地公安局、法院、检察院之间的联系沟通，构建起青年学生犯罪预防的屏障，使预防青年学生犯罪变得更为专业和科学。另外，还应加强高校各部门之间的沟通合作，预防青年学生犯罪单靠保卫处是万万不行的，只有加强了部门与部门之间的联系，确保了信息的畅通，才能掌握青年学生犯罪的新动向，研判青年学生犯罪的新问题，做出青年学生犯罪的科学预测，及时发布预警信息，将青年学生犯罪控制在萌芽之中。

二是健全安保机制。要进一步加强保卫干部队伍的建设，不断健全高校安保机制，切实维护校园稳定。首先，应当重视对保卫干部的培训，提高他们的综合素质。通过教育和培训，使保卫干部了解到岗位职责所在，认识到安保工作肩负的重任，通过学习掌握安全管理的相关知识，提高他们自身业务水平。在校园巡检、岗位执勤过程中担负起相应职责。其次，学校安全保卫力量仅靠保卫处的全体工作人员是不够的，各二级学院应配备安全员、寝室安全巡视员以及护校队员，通过各级安全员上下联动，开展好学校的安全防范工作。再次，还应通过与公安部门联系，加强校园 110 建设。充分调动各方资源，及时解决各类纠纷和矛盾。对有犯罪苗头的青年学生加强监管，对犯罪的青年学生交由公安部门处理。最后，还应加强技术方面的防范措施，对学校重点部位、公共区域实现安全技防设施全覆盖，提高学校整体技术防范能力。

二、进一步加强高校管理队伍建设

高等院校的管理队伍作为高校改革发展的中坚力量，担负着高校的日常管理工作，高水平的管理队伍有助于提高高校教育管理水平。欲树人，先立德；要立德树人，必先立师德。①

一是高度重视高校管理队伍建设。作为一所高校的中坚力量，高校管理队伍的优劣，关系到学校的长远发展和学生的成长成才。教学科研一向是高校的首要任务，导致长期以来对于管理队伍的重视不够，只是将管理部门从事的工作，简单定位于教学科研的辅助部门，从事一些琐碎事务性的工作，很少从设置合不合理、机构庞不庞杂、人员复不复杂等层面思考问题。随着高校扩招，管理人员需要面对更多的学生，再加之校内对管理人员的监督机制还不够健全，监督力度还不够等诸多因素，管理起来难度越来越大。因此，高等院校必须高度重视管理队伍的建设，将管理队伍打造成一支业务水平强、专业素质高、管理科学化的专业队伍。

二是不断提高管理人员的管理能力和理论功底。目前高校管理队伍人员构成相对复杂，理论功底也大相径庭。很多都不是科班出身，没有教育管理、行政管理、人力资源等方面的知识的积淀，大多数的管理经验都是在日常事务“摸爬滚打”中摸索出来的，再加之夜以继日地深陷琐碎的管理事务中，根本没有时间精力去提高自己理论水平，更谈不上提高自己的管理水平。针对这些问题，高校可有针对性地对管理队伍加强培训教育，提高他们的理论功底和应变处理能力。学校可以选派一批新提拔、有潜力的管理干部，到更高层次的大学去深造，帮助他们掌握先进的管理知识，学习优秀的理论知识，提高管理水平和战略思路。要加强岗位培训，涉及人员

① 刘娜．从“三不朽”视角看教师价值观的构建［J］．廊坊师范学院学报（社会科学版），2014（5）：114-117.

交替时，要老带新，完成好相关工作的交接、资料的收集归档。同时，针对不同的部门、不同的岗位，应当通过参加研讨班、培训班等形式，帮助提高他们的理论功底和业务能力，帮助他们掌握先进的教育理论和管理思想，帮助他们形成改革创新的意识，以及探索出适应新形势的管理工作方法和机制，让管理干部真正成为助推学校发展的中流砥柱。

第六节　重塑积极校园文化

高校校园文化建设必须牢牢站稳立场，以社会主义核心价值观为指导，以理想信念教育为主题，发挥先进文化的作用，形成“教书树人”的良好的校园环境。

一、以共同理想推进高校校园文化建设

在校园文化建设中，要把中国特色社会主义共同理想作为高校校园文化建设的主题。要通过不断优化高校校风、教风、学风建设和协调校园文化发展模式等方式，促进高等院校校园文化全面协调、可持续发展。① 一是要提高校校园文化建设的层次。要想充分体现校园文化建设的特色和价值，只有建设高层次性的高校校园文化，这样才能满足培养高层次人才的需要和大力推进高校科学发展的要

① 付宏渊．党风、校风、学风是大学的生命［N］．光明日报，2014-06-11（13）．

求。要提高高校校园文化建设层次，首先，必须在文化载体上下功夫。要合理处理好娱乐性文化与学术性文化之间的关系，要重点加强科技方面、学术方面的文化建设。毋庸置疑，校园文化生活应该多姿多彩，娱乐性的文化活动能够使校园氛围轻松和谐，减轻青年学生学业压力，增强同学之间的沟通协作。但是如果校园文化建设仅仅只停留在娱乐性活动方面往往是不够的，高校教育的目的应当以文化为载体，不断提高青年学生的理性思维和创造能力。这就需要在活动载体方面多开展一些与专业建设息息相关的活动，使青年学生从中吸取专业文化知识，提升个人创新性思维。其次，严格把关校园文化活动内容。高校校园文化体现了社会文化，高雅文化与通俗文化同时并存，必须处理好两者之间的关系。青年学生很容易被社会上流行的通俗文化吸引眼球，然而通俗文化很容易受到社会上不良风气的影响，并不是越流行的文化就越文明越先进。因此，对于青年学生来讲，应当引导他们多参加高雅文化活动，避免他们把通俗文化作为主流。在校园文化活动中，应大力开展那些道德风尚良好、学术氛围浓厚、具有较高品味的文化活动，引导青年学生积极参与。再次，校园文化应当注重内容与形式的统一。高校开展各类校园文化活动的目的，是为了通过活动提升青年学生的整体素质。现在的校园活动，多数是“举办了”“精彩了”“笑过了”，却没有更多的智慧启迪，似乎只是“政绩”的记录。因此，在开展文化活动的过程中，不能把文化活动的内容和形式分裂开来，只注重“好大喜功”的活动形式，忽略活动主要内容。应结合青年学生的实际，突出活动的目的性，在准备上要酝酿充分，内容上提高档次，融入一定的趣味性，在润物细无声的情景中提高青年学生参与积极性。

二是高校校园文化建设要协调发展。校园文化的灵魂是精神文化，是形成的“精、气、神”，对高校的发展和广大师生的思想行为起重要的引领作用。物质文化是校园文化的基础，它是体现校园文化的主题，是进行丰富多彩文化活动的载体。一所高校的校园文化要想搞得好，就不能厚此薄彼，只注重物质文化或是精神文化，而要使两者协调发展。同时高校在进行校园文化建设时，要根据时代发展的要求注入新的元素，形成自身学校的特色。如某高职院校，紧密围绕“中国制造 2025”国家战略要求，将校园文化建设与素质教育深度融合，成功打造凸显鲜明工业文化特色的文化品牌，形成良好的“育人”氛围，促进高校协调可持续发展。

二、提高校园文化建设的凝聚力和创造力

高校校园文化建设要想卓有成效地持续推进，必须以爱国主义、改革创新为核心，增强凝聚力和创新力。学生社团作为推动高校校园文化建设的重要力量，要高度重视青年学生社团的建设，形成一批有着广泛影响力的社团，将爱国主义和改革创新的民族精神、时代精神贯穿于学生社团各种活动过程之中，并着力发挥辐射带动作用，提升整个校园文化的品位和高度。

一是校园文化要增强凝聚力。“教育应当与社会实践相结合，在专业教育的基础上，强化个性教育和素质拓展，培养有知识、有技

能、有涵养、受尊重的、德智体美劳全面发展的有魅力的青年学生。当前，在高等院校校园文化建设中应当大力弘扬民族精神，利用各种重大纪念日来开展各式各样的纪念活动，引导青年学生发扬爱国主义的优良传统，增强青年学生的理想信念和历史使命。学生社团组织也要以爱国主义为主题进行各种社会实践活动，使青年学生充分认识社会主义中国已取得的历史性进步。学会将爱国主义的精神转化为学习的动力，抵制各种不良风气的侵蚀，从而健康成长。

二是校园文化要提升创造力。以改革创新为核心的时代精神，顺应时代发展的呼唤，其特征是与时俱进，高校校园文化建设要发扬以改革创新为核心的时代精神。高校是学习型和研究型的组织，开拓创新是推进其发展的核心动力，在校园文化建设中，要大力宣传开拓创新精神，把培养创新人才作为重要内容，形成自主创新的校园文化氛围，使创新人才从而脱颖而出。学生社团是青年学生自我教育的重要载体，在校园文化建设中，要大力培育青年学生的创新意识，提倡青年学生树立敢于改革、敢于开拓的精神。高校社团应遵循教育规律，促进学生的成长成才作为出发点和落脚点，以学生今后真正具有幸福生活的态度和能力为目标，帮助每一名学生树立一个职业理想，学好一门专业知识，练好一项专门技能，涵养一种艺术品质，热爱一项体育运动。高等院校应加大对青年学生社团的支持和关心力度，更应当在师资、技术等方面加大培养。青年学生树立时代精神还应增添实践环节，不能光从理论层面空洞地传授知识，应帮助青年学生全面地认识社会，消除负面情绪和阴暗面，积极开展各种与成长成才息息相关的社会实践活动。“实践出真知”，只有让青年学生参与实践，才能悟出生活的真知，而不是将大量宝贵的时间浪费在网络游戏、聊天购物的虚拟空间中。只有这样才能增强他们对国家的认可、对社会的认同，脱离低级趣味，远离暴力犯罪。

第四章 “德法并举”的社会环境是预防青年学生犯罪的重要保障

自古以来，中国古代的先贤们主张“德法并举”的思想在当今社会仍具有重要的现实意义。实施“依法治国”和“以德治国”，能够消除市场经济带来的不良影响，优化市场经济的道德环境，保障市场经济持续健康的快速发展；能够不断强化社会主义道德文化建设，培育社会主义核心价值观；能够遏制犯罪，增强社会控制力，建立起预防青年学生犯罪的社会体系。不断完善“依法治国”和“以德治国”的社会环境是预防青年学生犯罪的重要保障。

第一节 完善社会主义市场经济体制

要想社会主义市场经济健康地发展，就必须不断强化社会道德的调节力度和伦理道德的宏观调控作用。只有这样，建立起与社会主义市场经济相匹配的思想道德规范，才能使广大公众自觉践行道德行为，充分发挥出道德的巨大能动作用，从而消除市场经济的负面影响，起到预防青年学生犯罪的作用，推动社会主义市场经济的快速发展。

一是调节计划经济向市场经济过渡时期的各种矛盾冲突。人们告别了“短缺经济时代”，不再仅仅满足简单的温饱，原来支撑利益调节的伦理道德体系失去了早前的基础，造成了个人观念想法与道德规范之间的矛盾冲突，再加之西方“不良思想”的乘虚而入，使得一部分人丧失道德准则，简单地将商品交换的原则延伸到个人精神世界和社会生活的各个方面。因此，在转轨变革的过渡时期，要不断化解由于利益重新分配引起的矛盾冲突，积极完善社会主义市场经济的各种制度，逐渐形成平等、自由、效率、公平相统一的观念。只有这样，社会主义市场经济才能健康发展，国家才能建设得更好，人民才能安居乐业。

二是建立与社会主义市场经济相适应的道德体系。在市场经济大潮的冲击下，某些人开始用不正确的价值观来左右自己的行为，在经济浪潮中牟取暴利、投机取巧。如，“让一部分人先富起来，最终实现共同富裕”被错误解读，使他们失去了做人最基本的道德准则，他们为了挣取财富不择手段。又如，近期曝光的假疫苗事件刷爆了整个朋友圈，长春长生因“百白破”疫苗检验不符合规定，而这一批次不合格疫苗，却被打入了 25 万名儿童的身体，但仅被罚款了 300 多万草草了事。① 试问，这 25 万个孩子的健康要如何跟踪并

---

① 杨鑫宇. 狂犬疫苗也敢造假，严格监管还需配合强力震慑［N］. 中国青年报，2018-07-17（2）.

赔偿？社会上充斥着大量假冒伪劣的产品：假奶粉、假洋酒、假种子、假化肥等，制假商人和腐败官员勾结在一起追逐个人非法利益。某些公司为了上市，制造假账，改变公司盈亏，欺骗广大中小投资者。更有甚者，为了给自己“镀金”，制造大量的假论文、假文凭，以次充好。这些“污垢”的背后，不能不引人深思和感叹。因此，提出“以德治国”的理念，这就要求为政者要为老百姓做实事，要清廉正直；从商者，要有品行，做到童叟无欺；做学问者，要专心治学，不搞学术腐败；等等。不断加强社会主义道德教育，以正确的价值观去规范和影响人们的行为，各行各业的人都要在自己所属的范围内，自觉遵守社会的道德准则，从根本上扼制住人们内心对利益不择手段的向往，形成与社会主义市场经济体系相适应的社会主义道德意识。

三是进一步完善社会主义市场经济的经营机制。要想社会主义市场经济朝着良性循环的轨道发展，就必须依靠市场上每一个独立的主体，通过对他们不断加强整体意识、大局意识的道德教育，才可以从深层次方面消除狭隘的个人主义、利己主义的错误思想，从国家的层面出发，促进整个社会经济的齐步向前。因此，在道德层面，要求每个人将人民的利益放在首位，要让违反道德的行为遭到舆论的谴责，要让他们意识到只有接受道德的监督才能使之得到长远发展。同时，还可以通过诚信教育、社会服务、义利问题、工作作风、产品质量以及广告宣传等，反映出社会市场经济的秩序、人民生活水平以及社会环境状况，反映出社会主义市场经济活动是否朝着良性方面发展。当前的道德建设必须要以此作为基础，使人们的道德观念、道德水平适应社会市场经济的要求，要坚持“义”字和“利”字相统一的原则；坚持社会效率和社会公平相适应的原则；坚持市场经济发展与个人自身发展相兼顾的原则；让他们清楚只有遵守道德规范，才能取得长足效益。

第二节　加强社会主义道德文化建设

青年学生犯罪的重要因素主要是由不良文化误导所致，特别是中国传统文化的糟粕部分以及西方文化的腐朽部分。因此，必须坚持“以德治国”思想，不断加强社会主义道德文化建设。

一、传承和弘扬中华民族优秀的文化

中华民族的文化是在特定的历史条件下，不断延续和发展起来的，要提高我国社会主义文化的实力，就要以中华民族传统文化为基础。只有这样才能与时俱进，成功建设好社会主义新文化。世界上有各种古老文化，至今尚存的只有中华文明。中华文明顽强的生命力是叹为观止的，它经历了数千年的洗礼，克服无数内忧外患和艰难险阻，却从未被阻断，而是一直坚持着、延续着，谱写出波澜壮阔的历史画卷。但是，传统文化并不全都是好的，其中还包含着消极部分。要继承中华传统文化，必须处理好批判和继承两者的关系，才能创造当今社会的新文化。在继承传统文化时要避免走入两

个误区：一个是“全盘否定”的观点，认为中国传统文化是没落腐朽的，没有继承的必要，应将这些落后过时的中国传统文化通通抛弃，割裂了传统文化与现代文化一脉相承的关系；另一种“全盘吸收”的观点，认为中国的传统文化属于中国国粹，都是非常好的东西，应当不假思索全部吸收。这两个观点是非常错误的。[①] 对于中华传统文化的糟粕部分，要批判鉴别从而剔除。例如“人为财死，鸟为食亡”的观点，强调极端的拜金主义，常将人们引向歧途，甚至走上犯罪的道路；“重官轻民、重文轻技”的观念将人们的思想和行为引入误区，使得民族缺乏对技术的创新力，长期以来科技就远远落后于西方的发达国家。因此，继承民族传统文化就要“取其精华，去其糟粕”，必须将批判与继承相结合，对传统文化进行理性的鉴别，继承积极的部分，批判消极的部分。继承中华民族优秀文化，就要大力宣传中华民族的伟大文明，使青年学生摒弃传统文化中的“糟粕”，避免传统文化中消极部分的影响，从而自觉弘扬中华民族优秀文化，达到预防犯罪的作用。

二、吸收和借鉴外来文化的优秀成果

当今世界上每个民族都形成了各具特色的文化，这些文化都有其与众不同的优势，在历史的进程中占有重要的位置。任何民族文化的向前发展，是在吸收了其他民族文化优秀成果，并结合本民族文化的特点，逐渐发展并走向繁荣的。仅仅将文化的发展约束在本

---

① 毛泽东选集（第3卷）［M］. 北京：人民出版社，1991：1053.

民族范围内，那么这样的文化将会失去活力和生机，最终走向消亡。一个生存能力强的民族能够及时吸收外来文化，将这些优秀成果用于补充和发展自己的文化。当今社会发展迅速，中国文化的发展离不开世界文化的发展，只有不断吸收优秀成果，并结合我国经济快速发展的实际情况，不断加强社会主义文化建设，才能成为世界文化强国。

我们应该客观地认识外来文化，其中有很多优秀的文明成果值得我们学习。西方资本主义国家在数百年的发展中，经过工业革命创造了近代的工业文明，并通过文艺复兴逐渐使西方国家的文化艺术实现了繁荣，在有些领域是领先于我们国家的。例如西方国家长期形成的社会公德意识等，都值得我们借鉴和学习。一大批艺术家、文学家、画家如贝多芬、萧伯纳、托尔斯泰、莎士比亚、凡·高、莫奈等人在艺术、文学、绘画领域所创造出丰硕的成果，对我国文学、艺术的发展有着很大的帮助。吸收西方文化中精华部分，有助于建设具有中国特色的社会主义的新文化。

西方文化同样也具有“精华”与“糟粕”两个的部分，对此我们应实事求是，采取“扬弃与吸收”的做法。吸收正确、先进的部分，如他们的先进科学技术和优秀文化成果。同时，自觉扬弃西方不良文化对人们的思想带来的不良的影响，特别是对青年学生的思想侵蚀更大。有的青年学生认为金钱是万能的，为了获取金钱不择手段；有的青年学生只关注物质享受和感官快乐，为追求享受不顾一切；有的青年学生把追求个人利益作为唯一目的，为实现个人利益不惜损害他人利益。在这些资产阶级腐朽思想的驱使下，有的青年学生走上了盗窃、抢劫、甚至杀人的犯罪道路。首先，立足于我国文化的实际情况，立足于我国的国情。“从内容到形式，都要根据社会主义现代化建设和发展”。① 这样才能确保中华民族文化的主体意识，坚持中国文化的发展的道路，及时确定我国在发展文化的思路及对策，并将其付诸实施。借鉴西方的先进文化，只有与中国的现实国情相结合，与中国的社会制度、历史传统、文化背景相适应，才能真正做到中西贯通，转化为民族文化系统中的有利因素。哈佛大学教授、美国著名的政治理论家缪尔·亨廷顿曾在《文明的冲突与世界秩序的重建》一书中指出，“那些文化上无所依归的民族精神状态就如同得了文化上的精神分裂症”。② 先不说这个比喻是否贴切真实，但说明一个道理，一个民族如果真的失去自我，民族文化丧失了主体地位，那么这个民族的文化要想与时俱进便成为“海市蜃楼”，可望而不可即，久而久之，便会失去自我，为别的文明所征服、所覆盖。其次，“以我为主，为我所用”就表明了立场，应该用我国社会主义文化作为判断标准，来甄别外来文化是否优劣。要坚持实事求是、具体问题具体分析的原则，鉴别外来文化中优秀的文明以及腐朽堕落的文化。要将优秀的世界文明为我所用，根据我国现有国情，凡是有利提高我国综合国力的外来文化，有利于改善我国社会民生的外来文化，都应该借鉴和吸收，不断推进我国社会主义现代化建设。反之，则要坚定地“扬弃”。“以我为主，为我所

① 第三代领导集体思想理论文库（中卷）[M]. 北京：时事出版社，1997：1369.

② 王志华. 俄罗斯与欧洲人权法院二十年主权与人权的博弈 [J]. 中外法学，2016 (6)：1554-1579.

用”这二者的关系是相辅相成的。“以我为主”是推进我国文化发展的重要前提，“为我所用”是实现我国文化繁荣的目的，只有真正做到了“以我为主”这一前提，“为我所用”的最终目的才能得以实现。在实践过程中，反对将二者独立开来或是对立起来，在吸收西方文化时要防止出现两种倾向。一种是“闭关锁国”。在清王朝统治时期，我国将西方文明拒之于国门之外，不愿意学习西方的先进文化和科学技术，阻断了我国与世界的交流和融合，严重阻碍了生产力的发展和社会进步，具有东方文明的泱泱大国从此渐渐衰落。一种是“全盘西化”。1978 年以来我国实施了对外开放政策，加大了与西方发达国家的交流，提升了我国的综合国力，推动了国民经济健康快速发展。① 在这种情况，有的人就鼓吹“全盘西化”，认为西方什么东西都比中国好，一律照搬西方的文化、价值观和制度。所以必须坚持“以我为主，为我所用”，才能推进社会主义文化强国的建设。国与国的文化交流应该建立在平等互利的基础上，但是某些西方国家常常把自身的文化凌驾于别国文化之上，将自身文化发展模式作为标准，认为别人的文化都是愚昧无知的，这其实就是一种文化霸权，一种对别国文化的不尊重。因此，在这种情景下，我国文化交流中反对任何国家对我国文化建设进行随意干涉。只有这样，才能使我国文化博采各国文化之长，沿着正确的方向前进，增强自身发展的生命力。

---

① 张彦．列宁新经济政策思想——基于列宁 1921 年四个重要文本的分析［J］．桂海论丛，2017（4）：11-15.

三、建设社会主义和谐文化

以社会主义核心价值体系为指导，紧密结合和谐社会建设的生动实践，以各种各样的文化形式为载体，培育中国特色社会主义共同理想，加强社会主义道德教育，引导人们建立和谐的思想观念，推动社会的和谐发展。

第一，坚持不懈地开展社会主义道德建设。只有每位公民自觉践行道德，遵循正确的价值观，遵守正确的行为规范，才能使整个社会实现安定和谐。一个国家要发展，就必须运用法律去规范社会秩序，调整各种利益关系，保证各项管理都在法治轨道上运行。同时，还必须依靠道德去调整各种社会关系，化解社会矛盾和社会问题。通过营造社会舆论氛围、培育内心信念等方式，指导人们根据社会认可的道德规范去调节自身的行为，形成社会的主流道德风尚，用于调节各种社会关系，进而规范安定和睦的社会秩序。

第二，培育和谐文化的观念和精神。倡导社会和谐的理想信念是和谐文化的核心内容，是将中国历史上讲究“平和内敛，讲究身心之和、人事之和、天人之和”的“和合”传统与世界其他的优秀文明成果相结合起来，转化人们的思想素质和行为习惯。和谐文化的建设包括了很多的内容和形式，但要想得以实施，就必须将倡导和谐理念、弘扬和谐精神放在第一位。建设和谐文化主要是要善于发现并培养社会上的积极因素，凝聚起社会上的积极力量，调动起一切可以调动起来的因素。努力在广大人民群众中树立起构建和谐思想的观念，形成自觉维护和谐、自觉促进构建和谐的思维方式。通过进一步打造和谐文化建设，引导人们自觉地通过和谐的思维方式去看待社会，包容社会中的种种矛盾和问题。① 积极鼓励民众形成一切有助于促进和谐的思想和行为，不断在社会中营造各式各样的和谐因素。

第三节 构建青年学生犯罪的预防体系

坚持“依法治国”，设立青年学生防治机构，完善贫困青年学生救助机制，建立青年学生司法保护制度，不断增强社会控制力，打击各种犯罪行为，净化社会环境，构建预防青年学生犯罪体系，是预防青年学生犯罪的重要保障。②

一是设立青年学生犯罪防治机构。通过对青年学生犯罪问题的研究，我们不难发现，当今青年学生犯罪问题已经成为较为严重的社会问题，其后果极其恶劣，在社会上造成极为不好的影响。要想从根本上解决这一问题，其难度系数是非常大的，一方面青年学生犯罪问题有其隐蔽性和未惩处性，统计数据没有未成年人犯罪的数据全面，而且很大部分统计数据由司法机关掌握，属于涉密内容不便公开发布，这就给研究青年学生犯罪问题带来了很大的困难，很

① 杨淑珺. 浙江省社区教育实践对推进社区思想政治工作的启示［J］. 继续教育研究，2018（3）：105-109.

② 管荣赋，徐肖东，李凤奎. 未成年人不良行为防治［M］. 南京：江苏教育出版社，2012.

难全面地对青年学生犯罪情况进行分析掌握。另一方面，预防青年学生犯罪的工作难以具体实施，青年学生犯罪是一个特殊的群体，在怎样预防和如何矫治方面都有着独特性。但在现实工作中，都由司法机关统一进行的犯罪防治，对其特殊性没能引起高度重视。

2003年南京市浦口区检察院成立了我国第一家“青年学生犯罪预防中心”。2012年，“预防青年学生犯罪工作室”在武汉大学挂牌成立，这些探索活动，为防治青年学生犯罪提供了很好的经验。为了对青年学生犯罪问题进行有效防治，可以通过整合社会资源，建立一个青年学生犯罪问题的防治专门机构，在全国各地由公、检、法机关和高校、社区联合成立“青年学生犯罪防治中心”。这个机构的主要职责是预防青年学生犯罪和治理青年学生犯罪，其具体职责是：第一，可以对全国各地的青年学生犯罪案件进行数字统计，按不同地域、不同罪名、危害程度等因素分析和比较青年学生犯罪的主要原因；第二，可以研究和借鉴国外青年学生犯罪问题，虽说国情不同，但是每个国家都有可供借鉴的先进经验和先进做法，可以给我们提供参考和借鉴的依据；第三，研究青年学生犯罪问题防治策略，按照青年学生犯罪的具体情况，根据青年学生犯罪成因理论，制定青年学生犯罪问题的矫正和防范的具体措施；第四，对青年学生犯罪的防治工作进行组织实施。对青年学生犯罪的情况进行具体情况具体分析，有针对性地开展防治的具体工作。

二是完善贫困青年学生救助的保障机制。贫困的状况不仅对贫困青年学生个人产生严重影响，也使其家庭的发展及生活受到严重影响。贫困青年学生问题已经不简简单单的是单纯的家庭问题，或是教育的问题，更多的则是亟待社会解决的问题。因此，应当进一步完善贫困生救助体系，不要让贫困青年学生因为生活所迫走上犯罪道路，让贫困生能通过自己的劳动以工助学，还应当积极寻求社会的支持和帮助，增设相关的贫困生帮扶基金。

同时，国家要从宏观方面进行研究，制定进一步救助贫困青年学生的相关政策，不断完善贫困青年学生的保障体制，关注贫困青年学生的健康成长。虽然现在社会上救助贫困青年学生的基金很多，还有不少的临时性捐款活动，但是救助的力度不够，并缺乏统一安排使用，在面对740万贫困青年学生这个庞大的群体时①，救助能力就显得非常有限。并且缺乏统筹考虑，使经常性的救助渠道没有完全建立，不能根本解决贫困青年学生这个问题。所以，从中央到地方政府都应该统一规划，形成有助于贫困青年学生顺利完成学业的长效机制，建立从国家到地方各个层面的救助基金体系，增加资金投入，增添救助内容，吸收社会各方面的捐助，加大对贫困青年学生的救助力度，使贫困青年学生的救助实现社会全覆盖。当地政府也应当对贫困青年学生家庭进行扶贫，使他们家庭尽快脱贫，解决贫困青年学生的后顾之忧，使贫困青年学生坚定对党和政府的信赖，形成感恩社会和回报社会的情怀，从而安心学习顺利在大学毕业，走上社会成为建设社会主义国家的新生力量。

三是建立青年学生司法保护制度。青年学生正成长在少年与青年的过渡时期，不论在生理还是在心理方面，都未能完全发育成熟，

---

① 王学英，王永德．高校贫困生“四维度”心理危机干预体系的理论构建与研究［J］．经济研究导刊，2011（8）：265-266.

还处于学习阶段，尚未完全步入社会。青年学生属于特殊群体和弱势群体，是需要在司法程序和制度中特殊对待的人群，因此，有必要建立青年学生的司法保护制度。要通过制定相应的法律法规，加强对青年学生的立法保护，在司法活动中保护青年学生的合法权利，同时可借鉴未成年人司法保护制度的经验，如2012年《社区矫正实施办法》表明要采取“身份保护、教育为重、监管为辅”等措施。[①]因此，要加强对犯罪青年学生在刑事司法程序中的权利保障，应当从立法、矫正机构、矫正方法、社会支持等方面进行综合建设和完善，[②] 同时，实行犯罪青年学生犯罪记录有条件隐性化政策，加大法律援助和司法救助的力度。

对于一些罪行轻微、初次触犯法律的，可以采用非监禁帮助其改造，防止因被贴上了不良的标签而放弃改造，重新走上犯罪的道路。当前欧美有的国家在青少年和青年学生犯罪的处罚上，采取了暂缓起诉的制度，从而起到矫治的作用，取得了非常明显的效果。因此对青年学生犯罪要视情节轻重进行判断，对情节轻微的，应采用“以转处主义为主导，矫治主义为辅助”。[③] 转处主义是基于保全发展、最小伤害的理念给予司法处理，即再给犯罪青年学生一次正常人生的发展机会。“防止犯罪的重复发生，或者说是犯罪人的重复

① 梅义征．社区矫正制度的移植、嵌入与重构中国特色社区矫正制度研究［M］．北京：中国民主法制出版社，2015：193.

② 沈玉忠．未成年人犯罪特别处遇研究［M］．北京：中国长安出版社，2010：393-403.

③ 高维俭．论宽罚严管的少年刑事政策思想［J］．青少年犯罪问题，2009（4）：72-74.

犯罪，保护社会免受这些犯罪人的再次侵害”。[①] 由于犯罪青年学生都处于青春期，势必处于高风险状态，应当容忍青春期青年学生的错误，并给予理性的对待，同时，对于那些情节较轻的犯罪青年学生，应当尽量避免机构内惩罚，保全他们人生有正常发展的机会，即以“教育为主，惩罚为辅”。所谓矫治主义，即干预主义或康复主义。鉴于处于青春期的青年学生身心稚嫩，相对比较单纯，具有一定程度的自由意志，对他们给予一定的干预矫正是切实有效的。例如，对于那些平时一向表现良好，只是一时的贪念，初次偷盗的犯罪青年学生，可实行暂缓起诉，在量刑上采用非监禁刑或免予处罚，给犯罪青年学生重新做人的机会。我国最新颁布的《中华人民共和国刑事诉讼法》，对犯罪情节轻微、依据刑法规定没必要判处刑罚的，做出可以不予起诉规定。但在具体操作过程中，仅仅适用于未成年人，很少运用于青年学生。但是，在 2003 年南京市浦口区检察院第一次对某青年学生盗窃实行“暂缓起诉”考察 5 个月的意见，学校保留了王某学籍，收到了很好的效果。[②] 当然浦口检察院的暂缓起诉并不是针对所有青年学生盗窃犯罪，它的适用是有一定条件的，即“对于盗窃公私财物数额刚达到 2000 元‘数额较大’起点”，并具有下列情形之一的，可不作为犯罪处理：1. 属初犯、偶犯；2. 主动投案，且全部退赃、退赔；3. 被胁迫参加盗窃活动，没

---

① ［美］斯蒂芬·E. 巴坎. 犯罪学：社会学的理解［M］. 秦晨，译. 上海：上海人民出版社，2011：628.

② 沈巧莉. “青年学生盗窃案”暂缓起诉问题分析［D］. 兰州：兰州大学，2010.

有分赃或者分赃较少的；4. 其他情节轻微，危害不大的。[①] 苏州市吴中区检察院未检室也在2015、2016年就本区涉案青年学生处理进行了探索和尝试，针对一些情节轻微、影响不恶劣的案件不予起诉，2016年66%的涉案青年学生不予起诉，2017年67%的涉案青年学生不予起诉。[②] 实践说明，对于青年学生犯罪，特别是那些情节轻微、危害性不大的初犯，采取定罪量刑是非常不理想的，这样的后果直接影响到青年学生再次投入社会，包括人们会用歧视的目光看待他们，与"改造矫治"的宗旨相违背，不仅会造成司法资源的浪费，还会使许多社会和家庭对青年学生的培养付诸东流。

四是增强社会控制力。首先要强化社会综合治理，净化社会环境。在经济迅猛发展的大环境下，同样也滋生了许多矛盾和问题，其中犯罪案件数量也快速增长。一些人开始利欲熏心，盲目追求金钱，一切都向钱看，在追求名利时不择手段，甚至不惜采取违法犯罪手段。这种不良的社会风气严重地影响了象牙塔里的青年学生，导致他们的心理难以平静，最终由于意志不够坚定走向了犯罪道路。青年学生虽然身处高校，然而其生长在社会这个大环境中，与个人素质、家庭教育、学校教育密不可分。要想实现社会治安综合治理，必须综合多种手段，建立起一套有效的治理工作体系。社会治安问题通常都是社会上各种问题和矛盾的尖锐反映，社会治安工作更是一项社会行为，需要多部门、多单位各种手段配合，建立起一个庞

① 吴海刚．放宽青年学生犯罪处理符合人性［N］．南方周末，2003-04-03.

② 任娟．2015年—2017年在校青年学生犯罪［EB/OL］．东方资讯，2018-02-07.

大的社会工程。必须整合社会各方力量，形成合力，发挥综合优势，调动各方力量，加大侦破力度，提高破案率，为青年学生成长成才提供更为理想的社会环境。

二要优化大众传媒，完善网络管理。新媒体在社会控制功能中也发挥着非同小可的作用，但是，当前一些不良媒体为了吸引眼球，传递着一些不良的内容和不健康的信息，在一定程度上污染了社会环境，而且这些因素正逐渐成为青年学生犯罪的诱因之一。因此，整治文化市场，优化大众传媒显得非常重要。一方面，学校和家庭应当加强对青年学生的引导，帮助他们形成良好的上网习惯，不听信谣言，不传播谣言，不制造谣言。另一方面，政府的相关职能部门以及网络监控部门应当加强对文化市场的管理和监管，杜绝不良信息充斥在网络上。与此同时，还应健全我国现有的关于大众传媒的法律法规，使其更具有监管性和可操作性。此外，还应赋予媒体担当意识，媒体应当本着“服务大众、对社会负责”公益原则，在信息源头加以控制，防止不良信息对青年学生的影响。①

同时，随着青年学生上网频率的加快，网络犯罪已经成了青年学生犯罪的新趋势。因此，进一步加强网吧的安全管理势在必行。首先，严禁在高校附近开设网吧，开设网吧必须依照《互联网信息服务管理办法》。其次，加强对青年学生上网的引导，使青年学生从无聊的上网聊天和沉迷游戏中解脱出来，教导他们正确使用网络学习有关知识和收集有益的资料。最后，网吧经营者要把社会效益放

① 程晨．基于媒介伦理角度解构媒介的社会影响与责任［J］．新闻爱好者，2017（12）：87-89.

在首位，对在校青年学生提供限时服务，对上网情况进行实名登记，制定和完善有关规定，使该行业走上规范化。

还应通过立法来规范网络行为。网络已经成为现代青年学生学习、生活重要组成部分，但是网络中的一些不良文化也成为在校青年学生犯罪的重要原因之一，因此需要制定相关法律法规，使网络监管法制化，确保网络环境文明。近年来，我国出台了《中华人民共和国网络安全法》，构建起了我国网络监管立法的基本框架。随着互联网技术的飞速发展，现实生活中还不断出现一些网络犯罪的新情况、新问题。立法机关应当更具备立法前瞻性，加大管控力度，为青年学生提供净化的网络环境。

参考文献

一、中文文献

[1] 艾如张，刘艳．我们的孩子怎么了［M］．北京：新世界出版社，2002.

[2] 白学军，王敬欣．发展心理学［M］．天津：南开大学出版社，2013.

[3] 常战军，顾建钦．公共卫生社会学［M］．北京：北京大学出版社，2014.

[4] 陈如．未成年人犯罪与社会治理［M］．北京：人民出版社，2013.

[5] 陈忠林．刑法散得集［M］．重庆：重庆大学出版社，2012.

[6] 戴圣．礼记［M］．钱玄，徐克谦，等校注．湖南：岳麓书社，2011.

[7] 邓小平文选（第3卷）[M]. 北京：人民出版社，1993.

[8] 傅树京. 高等教育学 [M]. 北京：首都师范大学出版社，2007.

[9] 高铭暄，马克昌. 刑法学 [M]. 北京：北京大学出版社，2000.

[10] 管荣赋，徐肖东，李凤奎. 未成年人不良行为防治[M]. 南京：江苏教育出版社，2012.

[11] 郝银钟. 遏制青少年犯罪新思维 [M]. 北京：中国法制出版社，2012.

[12] 胡联合. 转型与犯罪：中国转型期犯罪问题的实证研究 [M]. 北京：中共中央党校出版社，2006.

[13]《辉煌的五年》编委会. 辉煌的五年：第三代领导集体思想理论文库（中卷）[M]. 北京：时事出版社，1997.

[14] 纪德尚. 犯罪控制论 [M]. 西安：陕西人民出版社，1990.

[15] 康树华，等. 犯罪学大辞书 [M]. 兰州：甘肃人民出版社，1995.

[16] 李其龙，郭官义. 赫尔巴特文集（第1卷）[M]. 杭州：浙江教育出版社，2003.

[17] 李玥. 犯罪学原理与实务 [M]. 北京：北京科学技术出版社，2001.

[18] 刘立杰. 少年刑法基本问题研究 [M]. 北京：法律出版社，2013.

[19] 刘强．美国犯罪学研究概要［M］．北京：中国人民公安大学出版社，2002.

[20] 刘文成．犯罪学——犯罪现象·原因·对策［M］．北京：群众出版社，2001.

[21] 陆建华．中国社会问题报告［M］．北京：石油工业出版社，2002.

[22] 马克思恩格斯选集（第三卷）［M］．北京：人民出版社，1960.

[23] 毛泽东选集（第3卷）［M］．北京：人民出版社，1991.

[24] 梅义征．社区矫正制度的移植、嵌入与重构中国特色社区矫正制度研究［M］．北京：中国民主法制出版社，2015.

[25] 皮艺军．犯罪学研究论要［M］．北京：中国政法大学出版社，2015.

[26] 沈玉忠．未成年人犯罪特别处遇研究［M］．北京：中国长安出版社，2010.

[27] 孙其昂．思想政治教育学前沿问题研究［M］．北京：人民出版社，2013.

[28] 檀传宝．道德教育原理［M］．北京：北京师范大学出版社，2007.

[29] 汤福球，舒晓丽．社会变迁中的青少年心理辅导［M］．北京：北京邮电大学出版社，2012.

[30] 陶国富，王祥兴．大学生积极心理［M］．上海：华东理工大学出版社，2005.

［31］王辉．行为改变技术［M］．南京：南京大学出版社，2014.

［32］王明旭，李兴民．大学生犯罪与干预［M］．北京：人民卫生出版社，2012.

［33］王牧．新犯罪学［M］．北京：高等教育出版社，2010.

［34］王荣德．现代教师人格塑造［M］．天津：天津教育出版化，2004.

［35］魏平雄．犯罪学［M］．北京：中国政法大学出版社，1997.

［36］吴佩杰．道德教育的责任和追求——社会转型期高校德育研究［M］．南宁：广西人民出版社，2009.

［37］吴鹏森．犯罪社会学［M］．北京：中国审计出版社，2001.

［38］吴增基，吴鹏森，苏振芳．现代社会学（第5版）［M］．上海：上海人民出版社，2014.

［39］吴宗宪．西方犯罪学（第二版）［M］．北京：法律出版社，2006.

［40］肖剑明，皮艺军．犯罪学引论［M］．北京：警官教育出版社，1992.

［41］徐久生．德语国家的犯罪学研究［M］．北京：中国法制出版社，1999.

［42］徐久生．校园暴力研究［M］．北京：中国方正出版社，2004.

[43] 徐祥运，刘杰．社会学概论（第4版）[M]．大连：东北财经大学出版社，2015.

[44] 许永勤．未成年人供述行为的心理学研究 [M]．北京：中国人民公安大学出版社，2011.

[45] 许章润．犯罪学 [M]．北京：法律出版社，2015.

[46] 严景耀．中国的犯罪问题与社会变迁的关系 [M]．北京：北京大学出版社，1986.

[47] 严励，岳平．犯罪学论坛（第2卷）：上 [M]．北京：中国法制出版社，2016.

[48] 颜小冬．当代大学生犯罪问题研究 [M]．北京：中国检察出版社，2004.

[49] 杨伯峻．论语译注 [M]．北京：中华书局，2006.

[50] 杨超．现代德育人本论 [M]．广州：广东人民出版社，2005.

[51] 姚建龙．青少年犯罪与司法论要 [M]．北京：中国政法大学出版社，2014.

[52] 阴家宝．新中国犯罪学研究综述 [M]．北京：中国民主法制出版社，1997.

[53] 袁贵仁．价值观的理论与实践价值观若干问题的思考 [M]．北京：北京师范大学出版社，2006.

[54] 张文娟．中美少年司法制度探索比较研究 [M]．北京：法律出版社，2010.

[55] 张文显．法理学 [M]．北京：高等教育出版社，2001.

[56] 张晓秦，赵国玲．当代中国的犯罪与治理［M］．北京：北京大学出版社，2001.

[57] 张旭．犯罪学要论［M］．北京：法律出版社，2003.

[58] 张远煌．犯罪学原理［M］．北京：法律出版社，2001.

[59] 郑和钧．学校心育系统协同构建的理论与实践［M］．长沙：湖南师范大学出版社，2000.

[60] 郑金洲．教育碎思［M］．上海：华东师范大学出版社，2005：91.

[61] 郑良信．教育法学通论［M］．南宁：广西教育出版社，2004.

[62] 中国预防青少年犯罪研究会．预防青少年违法犯罪文集［M］．北京：法律出版社，2013.

[63] 周宇中．在校大学生犯罪预防、防范及犯罪处理实务全书［M］．合肥：安徽文化音像出版社，2003.

[64] 朱熹．孟子集注［M］．北京：中国社会出版社，2013.

[65]〔德〕汉斯·约阿希姆·施奈德．犯罪学［M］．吴鑫涛，马君玉，译．北京：中国人民公安大学出版社，1990.

[66]〔德〕李斯特．德国刑法教科书［M］．徐久生，译．北京：法律出版社，2000.

[67]〔德〕魏德士．法律学［M］．丁晓春，吴越，译．北京：法律出版社，2005.

[68]〔法〕埃米尔·迪尔凯姆．自杀论［M］．冯韵文，译．北京：商务印书馆，2001.

[69]〔美〕R. E. 帕克．城市社会学［M］．宋俊岭，译．北京：华夏出版社，1987.

[70]〔美〕伯格．人格心理学［M］．陈会昌，译．北京：中国轻工业出版社，2004.

[71]〔美〕戴维·波普诺．社会学（第十版）［M］．李强，译．北京：中国人民大学出版社，1999.

[72]〔美〕菲利普·奈斯，金·盖尔·多尔津．青少年心理学［M］．黄俊豪，连廷嘉，译．台北：学富文化事业有限公司，2004.

[73]〔美〕加里·S. 贝克尔．人类行为的经济分析［M］．王业宇，陈琪，译．上海：上海人民出版社，1995.

[74]〔美〕杰弗里·阿内特．青少年心理学（第3版）［M］．段鑫星，译．北京：中国人民大学出版社，2009.

[75]〔美〕劳伦斯·斯坦伯格．青少年心理学［M］．北京：机械工业出版社，2015.

[76]〔美〕路易斯·谢利．犯罪与现代化［M］．何秉松，译．北京：群众出版社，2002.

[77]〔美〕内尔·诺丁斯．学会关心——教育的另一种模式［M］．于天龙，译．北京：教育科学出版社，2004.

[78]〔美〕斯蒂芬·E. 巴坎．犯罪学：社会学的理解［M］．秦晨，译．上海：上海人民出版社，2011.

[79]〔苏〕马卡连柯．论共产主义教育［M］．刘长杉，译．北京：人民教育出版社，1981.

[80]〔苏〕苏霍姆林斯基．给教师的建议［M］．杜殿坤，译．

北京：教育科学出版社，2013.

[81]〔意〕菲利．实证派犯罪学［M］．郭建安，译．北京：中国政法大学出版社，1987.

[82]〔英〕亚当·斯密．国民财富的性质和原因的研究（下卷）［M］．郭大力，王亚南，译．北京：商务印书馆，2003.

[83] 班华．道德教育理念与道德教育改革——新世纪道德教育人性化走向［J］．南京师范大学学报（社会科学版），2002（4）：73-80.

[84] 边仕英．心灵的震撼——对钱学森之问的反思［J］．出国与就业（就业版），2011（14）：176-177.

[85] 常春梅，李彦君．当代大学生炫富现象探析［J］．中国青年社会科学，2015（3）：80.

[86] 车绍文．社会失范理论对犯罪控制的启示［J］．法制与社会，2009（2）：247.

[87] 陈桂蓉．论国家治理现代化中的道德话语［J］．福建师范大学学报（哲学社会科学版），2018（5）：12-17.

[88] 陈少明．由训诂通义理：以戴震、章太炎等人为线索论清代汉学的哲学方法［J］．中国社会科学，2018（7）：41-58.

[89] 陈伟，熊波．校园暴力低龄化防控的刑法学省思——以"恶意补足年龄"规则为切入点［J］．中国青年社会科学，2017（5）：93-101.

[90] 陈兴良，形式与实质的关系：刑法学的反思性检讨［J］．法学研究，2008（6）：96-111.

[91] 陈兴良．违法性的中国语境［J］．清华法学，2015（4）：5-21.

[92] 陈艳．如何培养中职学生法律意识［J］．学周刊，2014（19）：42-43.

[93] 程晨．基于媒介伦理角度解构媒介的社会影响与责任［J］．新闻爱好者，2017（12）：87-89.

[94] 程萍，葛明贵．心理治疗视域中自我认识的嬗变与启迪［J］．医学与哲学，2018（7）：49-52.

[95] 池忠军，万国海．大学生犯罪原因之探讨［J］．青少年犯罪问题，1995（3）：34-36.

[96] 储槐植，张永红．善待社会危害性观念——从我国刑法第13条但书说起［J］．法学研究，2002（3）：87-99.

[97] 第38次中国互联网络发展状况统计报告［J］．中国广播，2016（8）：10.

[98] 董琳利．简论“武王克商”的政治正当性问题［J］．中国人民大学学报．2012（5）：60-67.

[99] 董祥宾，沈壮海．当前大学生文化观念调查分析［J］．文化软实力研究，2016（2）：89.

[100] 杜坤林．文化视阈下高校大学生价值观培育的路径选择［J］．学校党建与思想教育，2015（22）：23-24.

[101] 段兴利，苏一星．当前大学生中的犯罪现象及对策［J］．甘肃社会科学，1997（1）：77-78.

[102] 范宏亮．试析当代大学生违纪、违法及犯罪原因［J］．

贵州警官职业学院学报，1990（2）：38–39.

［103］方泉．犯罪化的正当性原则——兼评乔尔·范伯格的限制自由原则［J］．法学，2012（8）：111–121.

［104］高维俭．论宽罚严管的少年刑事政策思想［J］．青少年犯罪问题，2009（4）：72–74.

［105］葛晓奇，李江明．大学生违法犯罪心理因素探析［J］．青少年犯罪问题，1994（5）：21–23.

［106］胡剑．北京市青少年毒品犯罪对策分析［J］．北京青年研究，2018（1）：67–73.

［107］黄文胜．以德治学：增强高校思想政治教育实效性的基础［J］．法制与社会，2018（21）：186–187.

［108］江达危．李斯特的折衷主义刑法思想倾向探讨［J］．商品与质量，2011（4）：132.

［109］蒋建湘．大数据时代高校学生管理工作的思考［J］．中国教育信息化，2016（13）：49–50.

［110］金志海．关于大学生犯罪问题的思考［J］．青少年犯罪研究，2006（2）：31.

［111］李明高．理工科高校人文素质教育课程体系的构建［J］．淮阴师范学院学报（哲学社会科学版），2008（3）：406–410.

［112］李庆．试析当代大学生犯罪的原因及预防［J］．中州学刊，2005（5）：97–99.

［113］李儒彬，闫映红．检察机关预防和处理大学生刑事犯罪问题研究［J］．大庆社会科学，2010（12）：123–125.

［114］李宪堂．“天命”的寻证与“人道”的坚守：孔子天命观新解——兼论孔子思想体系的内在结构［J］．文史哲.2017（6）：129-138.

［115］李阳．当代大学生犯罪原因及预防对策分析［J］．阜阳师范学院学报（社会科学版），2011（1）：120-123.

［116］刘合行．道德评价中的个人主义倾向评析［J］．河南师范大学学报，2003（1）：16-18.

［117］刘建清．浅析高校学生犯罪的心理原因及其预防［J］．赣南师范学院学报，1998（2）：85-88.

［118］刘洁，徐宝华．中国当代大学生犯罪问题研究［J］．安徽大学学报（哲学社会科学版），1999（2）：98-103.

［119］刘军舰．中国传统法律文化的现代价值分析［J］．法制与社会，2009（8）：30-31.

［120］刘娜．从“三不朽”视角看教师价值观的构建［J］．廊坊师范学院学报（社会科学版），2014（5）：114-117.

［121］刘宁．韩愈“五原”文体创新的思想意涵［J］．安徽大学学报（哲学社会科学版），2018（4）：38-47.

［122］刘晓亮．互动仪式链理论对青年价值观培育的启示［J］．中国青年研究，2018（6）：99-104.

［123］刘远，刘军．刑事政策与犯罪人权利保护［J］．学习与探索，2005（3）：36-38.

［124］鲁宽民，廉伟．全面依法治国视域下大学生法律意识偏失的认识论之思［J］．长安大学学报（社会科学版），2017（2）：

125-131.

［125］马周年．大学生违法犯罪原因分析［J］．北京警院学报，1994（1）：13-16.

［126］潘斌．胡塞尔的“生活世界”与马克思的实践哲学［J］．华中科技大学学报（社会科学版），2005（1）：41-45.

［127］彭湃．境界论高等教育哲学的彰显及其意义［J］．江苏高教，2004（2）：27-29.

［128］皮菁燕．从精神分析的视角看罪犯自杀与犯罪类型的关系［J］．犯罪与改造研究，2018（3）：53-56.

［129］任先国．改革开放以来我国高校法制教育的历史嬗变与现实启示［J］．教育评论，2016（1）：11-14.

［130］施由明．清代江西乡绅与乡村社会治理［J］．中国农史，2015（2）：104-110.

［131］宋剑祥，何亚芸．国外人格理论研究的主要流派述评［J］．昆明冶金高等专科学校学报，2013（4）：49-56.

［132］隋月英．科学发展观与21世纪高校道德教育目标构建［J］．学术论坛，2005（7）：186-189.

［133］孙涛．浅析新时期大学生违法犯罪的原因［J］．山东省团校学报：青少年研究，2000（2）：46-47.

［134］唐茂林．我国民间调解制度存在合理性之证成分析［J］．河北法学，2011（8）：169-173.

［135］田海粟．浅析当代大学生犯罪案增多的原因和防范措施［J］．甘肃农业大学学报，2004（3）：134-137.

［136］万安中．关于监狱史研究的若干问题［J］．政法论坛，2004（2）：7.

［137］王俊．我国高校奖学金制度运行研究——以激励为核心的合作育人视角［J］．思想理论教育，2018（10）：95-102.

［138］王顺安，韩冰．中国少年司法制度的成就、问题和出路［J］．预防青少年犯罪研究，2014（6）：50-58.

［139］王小松．略论毛泽东思想来源［J］．理论观察，2015（2）：11-12.

［140］王学英，王永德．高校贫困生“四维度”心理危机干预体系的理论构建与研究［J］．经济研究导刊，2011（8）：265-266.

［141］王志华．俄罗斯与欧洲人权法院二十年主权与人权的博弈［J］．中外法学，2016（6）：1554-1579.

［142］王梓坤．大学精神［J］．北京师范大学学报，2003（2）：29-32.

［143］卫凤娇．浅析孔子的德治思想［J］．决策探索（下半月），2016（8）：77-78.

［144］吴殿朝．大学生犯罪研究述要［J］．河南省司法警官职业学院学报，2007（3）：39-42.

［145］吴殿朝．我国社会转型时期的致罪因素探析［J］．中州学刊，2005（3）：104-106.

［146］吴丽珠．论激情犯罪心理与心理预防［J］．经济研究导刊，2010（23）：224-225.

［147］吴林龙，王立仁．论实效维度的思想政治教育本质［J］.

理论与改革，2013（3）：149.

［148］吴云．地方优秀传统文化融入高校思想政治理论课教学的几点思考［J］．思想理论教育导刊，2017（4）：108-111.

［149］向甜．大学生激情犯罪原因初探［J］．法制与经济（中旬），2013（6）：36-38.

［150］肖川．主体性道德人格教育目标构建的依据［J］．南京师范大学学报（社会科学版），1999（6）：67-71.

［151］谢军，钱一一．论保辜制度认定刑事责任的因果关系构造［J］．广西政法管理干部学院学报．2015（3）：53-58.

［152］徐岱．中国特色社会主义刑法学理论体系［J］．当代法学，2013（2）：3-13.

［153］许烨，刘克利．有德之师：高校教师职业伦理规范［J］．大学教育科学，2014（4）：59-63.

［154］杨凤城．改革开放时期文化建设与发展史的几个问题研究［J］．中共党史研究，2016（10）：62-76.

［155］杨海燕，蔡太生，何影．父母依恋和同伴依恋与高中生行为问题的关系［J］．中国临床心理学杂志，2010（1）：107-108.

［156］杨洪雁．大学生违法犯罪现象探析［J］．河南教育学院学报（哲学社会科学版），1997（3）：21-23.

［157］杨淑珺．浙江省社区教育实践对推进社区思想政治工作的启示［J］．继续教育研究，2018（3）：105-109.

［158］杨宗杰，刘要停，刘若斌．“齐鲁十二圣”文化现象在推动经济社会文化发展中的重要作用［J］．管子学刊，2009（4）：

70-75.

[159] 叶澜．试析中国当代道德教育内容的基础性构成［J］．教育研究，2001（9）：3-7.

[160] 游伟，肖晚祥．论行政犯的相对性及其立法问题［J］．法学家，2008（6）：37-45.

[161] 袁纯清．大学生违法犯罪浅析［J］．法学杂志，1983（2）：24-28.

[162] 张洁，李慧敏．社会转型时期的自我认同与教育——解读吉登斯的自我认同理论［J］．河北大学学报，2006（6）：122-126.

[163] 张澍军．略论思想政治教育的深层价值［J］．思想教育研究，2010（7）：7-9.

[164] 张小虎．论观念碎片弥散与犯罪反常［J］．法学杂志，2016（10）：44-55.

[165] 张秀玲．刑法理念的历史启示［J］．内蒙古农业大学学报（社会科学版），2005（3）：78-79.

[166] 张学博．德法合一：中国特色社会主义法治的历史传统［J］．岭南学刊，2017（5）：63-69.

[167] 张彦．列宁新经济政策思想——基于列宁1921年四个重要文本的分析［J］．桂海论丛，2017（4）：11-15.

[168] 郑永廷．论当代西方国家思想道德教育方法［J］．学术研究，2000（3）：82-87.

[169] 郑芸珍．神经活动类型与青少年犯罪［J］．法学杂志，

1982（2）：41-44.

［170］周保强．大学生犯罪心理分析及预防［J］．犯罪研究，2008（3）：69-73.

［171］周芦萍，余长秀．城市家庭问题与青少年违法犯罪［J］．青少年导刊，2002（1）：67-69.

［172］周武君．大学精神：校园文化缺失与重构的价值指归［J］．辽宁教育研究，2004（8）：13-15.

［173］周振杰．当代大学生犯罪的现状、原因与对策［J］．中国大学生就业，2012（8）：59-63.

［174］朱云，桂忠孝．大学生犯罪的学校教育因素探——来自上海提蓝桥监狱的调查报告［J］．思想·理论·教育，1996（10）：45-46.

［175］曹芳．荀子名辩思想探析［D］．开封：河南大学，2012.

［176］方娜．政治关联、过度自信与企业风险承担——来自我国民营上市公司的经验证据［D］．南京：南京大学，2016.

［177］匡世凤．思想政治教育视域下中学生社会主义核心价值观培育研究［D］．江西：江西师范大学，2011.

［178］彭舸珺．当代社会生命道德教育研究［D］．兰州：兰州大学，2013.

［179］沈巧莉．“大学生盗窃案”暂缓起诉问题分析［D］．兰州：兰州大学，2010（4）：17-18.

［180］王岩．中美高校德育方法比较研究［D］．哈尔滨：哈尔

滨工程大学，2009.

［181］ 肖敏．犯罪概念研究［D］．重庆：西南政法大学，2008.

［182］ 许瑜华．民事独任审判制度改革探析［D］．上海：复旦大学，2010.

［183］ 颜小冬．当代大学生犯罪成因及预防对策研究［D］．武汉：华中师范大学，2004.

［184］ 杨薛雯．“90后”与“80后”青年学生人格特质比较研究［D］．上海：华东师范大学，2010.

［185］ 办好思想政治理论课关键在教师［N］．人民日报，2019-3-20（1）.

［186］ 付宏渊．党风、校风、学风是大学的生命［N］．光明日报，2014-06-11（13）.

［187］ 韩彬翔．乡村振兴战略下推进绍兴乡村旅游的思考［N］．绍兴日报，2018-9-23（3）.

［188］ 李文道．大学校园惨剧，折射学生心理困境［N］．光明日报，2013-05-06（16）.

［189］ 刘宇．加强大学生思想道德教育［N］．吉林日报，2013-10-26（7）.

［190］ 习近平．中国梦是我们的，更是你们青年一代的——在“实现中国梦青春勇担当”五四主题团日活动座谈会上的讲话［N］．天津日报，2013-05-05（1）.

［191］ 邢军，王惠丛．男大学生火车站抱住女孩抢手机［N］．

河南商报，2008-3-15（8）.

［192］杨鑫宇．狂犬疫苗也敢造假，严格监管还需配合强力震慑［N］．中国青年报，2018-7-17（2）.

［193］张彪．如何应对大学生的功利主义［N］．光明日报，2014-06-17（10）.

［194］周明华．林森浩赴刑反思不能停［N］．四川日报，2015-12-17（7）.

二、英文文献（黑体）

［1］HOLLIN C R，BROWNE D，PALMER E J. Delinquency and Young Offenders［M］. Cambridge：Wiley-Blackwell，2002.

［2］ANTON M T，JONES D J，CUELLAR J，et al. Caregiver Use of the Core Components of Technology - Enhanced Helping the Noncompliant Child：A Case Series Analysis of Low-Income Families［J］. Cognitive and Behavioral Practice，2016，23（2）：194-204.

［3］BANNINK R，PEARCE A，HOPE S. Family Income and Young Adolescents' Perceived Social Position：Associations With Self-esteem and Life Satisfaction in the UK Millennium Cohort Study［J］. Archives of Disease in Childhood，2016，23（3）：184-204.

［4］BE T，HYSING M，ZACHRISSON H D. Low Family Income and Behavior Problems in Norwegian Preschoolers：Is Child Emotionality a Marker for Sensitivity of Influence?［J］. Journal of Developmental &

Behavioral Pediatrics, 2016, 37 (3): 213-222.

[5] KOCHANSKA G, KIM S. Difficult Temperament Moderates Links Between Maternal Responsiveness and Children's Compliance and Behavior Problems in Low-Income Families [J]. Journal of Child Psychology and Psychiatry, 2013, 54 (3): 323-332.

[6] LAUKKANEN M, HAKKO H, RIIPINEN P, et al. Does Family Structure Play a Role in Depression in Adolescents Admitted to Psychiatric Inpatient Care? [J]. Child Psychiatry & Human Development, 2016, 47 (6): 918-924.

[7] LEE S Y, PARK E C, HAN K T, et al. The Association of Level of Internet Use with Suicidal Ideation and Suicide Attempts in South Korean Adolescents: A Focus on Family Structure and Household Economic Status [J]. The Canadian Journal of Psychiatry, 2016, 61 (4): 243-251.

[8] MACK K Y, PECK J H, LEIBER M J. The Effects of Family Structure and Family Processes on Externalizing and Internalizing Behaviors of Male and Female Youth: A Longitudinal Examination [J]. Deviant Behavior, 2015, 36 (9): 740-764.

[9] PALMER E J, HOLLIN C R. Sociomoral Reasoning, Perceptions of Parenting and Self-Reported Delinquency in Adolescents [J]. Applied Cognitive Psychology, 2001, 15 (1): 85-100.

[10] PONNET K. Financial Stress, Parent Functioning and Adolescent Problem Behavior: An Actor-Partner Interdependence Approach to

Family Stress Processes in Low-, Middle-, and High-Income Families [J] . Journal of Youth and Adolescence, 2014, 43 (10): 1752-1769.

[11] SAIBON J. Relationship Amongst Family Structure, Parental Attachment and Juvenile Delinquency Among Students [C] // ICERI2010 Proceedings. IATED, 2010: 4108-4117.

[12] SINGH R N, BYNUM J E, THOMPSON W E. Juvenile Delinquency: A Sociological Approach [J] . Teaching Sociology, 2016, 19 (1): 114.

[13] TUCKER J S, EDELEN M O, HUANG W. Effectiveness of Parent Child Mediation in Improving Family Functioning and Reducing Adolescent Problem Behavior: Results from a Pilot Randomized Controlled Trial [J] . Journal of Youth and Adolescence, 2016: 32 (1): 1-11.

[14] VIDEON T M. The Effects of Parent-Adolescent Relationships and Parental Separation on Adolescent Well-Being [J] . Journal of Marriage and Family, 2002, 64 (2): 489-503.